Vietnam

mit Abstecher nach Laos und Kambodscha

Johannes Kunz

interconnections

Vietnam

mit Abstecher nach Laos und Kambodscha

Johannes Kunz

interconnections

Impressum

Reihe: ReiseTops, Bd 2
Vietnam – mit Abstecher nach Laos und Kambodscha
Autor: Johannes Kunz

Fotos: Johannes Kunz
Umschlagdesign, DTP-Satz: Linuxnet-Online, Anja Semling
Bearbeitung: Clarissa Bühler, Sarah Rehaiem

Schillerstr. 44, D – 79102 Freiburg i.Br.
Tel. 0761 700 650, Fax 0761 700 688
info@interconnections.de
www.interconnections.de
www.reisetops.com

2009 – 2008
ISBN 978-3-86040-139-2

Inhalt

Opernhaus in Hanoi

Vorwort

Sechs Monate lebte ich in Hanoi, wo ich für einen privaten, vietnamesischen Reiseveranstalter tätig war. Es handelte sich um meinen ersten längerer Asienaufenthalt, denn davor verbrachte ich lediglich einmal einen zweiwöchigen Urlaub als Rucksacktourist in Nepal. Seither ist einiges passiert. Man spricht oft von einem "Kulturschock", den Europäer in Asien erleben, was auch in meinem Falle durchaus zutrifft, wobei ich meine Erfahrungen allerdings weniger als „Schock" sondern als Lebenserfahrung bezeichnen möchte. Man lernt neue Leute kennen, neue Freunde, lebt für einen bestimmten oder manchmal auch unbestimmten Zeitraum in einem anderen Land und lässt sich nun mehr oder weniger auf eine neue Kultur ein. Dazu kommt auch noch ein ganz anderes Klima.

Ich habe vor meinem Aufenthalt in Vietnam einige Reiseführer und andere Literatur über das Land gelesen, ebenso Dokumentationen und Reportagen im Fernsehen angeschaut, aber all das ist nicht vergleichbar mit einem Aufenthalt im Land selbst. Man erlebt jeden Tag neu, andere Gerüche, ein anderes Umfeld, und wie immer Positives und Negatives.

Die Idee zu diesem Reisebericht reifte schon länger, umgesetzt habe ich sie aber nun erst Jahre später, wobei ich in den letzten Jahren und auch während meines Aufenthaltes in Vietnam immer mal wieder Notizen und Aufzeichnungen über meine Erfahrungen und das dortige Leben gemacht hatte. Ich kann mich noch gut an diese sechs Monate erinnern, an Erlebtes, Neues, Urlaub, Alltag, neue Gewohnheiten, die gesunde und vielfältige Küche Vietnams, den Büroalltag in der neuen Stelle und dutzende von Siuationen, seien es Krankheit oder Unwohlsein, was bei dem vorherrschenden ungemein feucht-heißen Wetter manchmal vorkam, oder sei es mit einem vietnamesischen Freund abends durch die Stadt zu fahren, die Bars unsicher zu machen oder Karaoke zu singen, was sich in Asien großer Beliebtheit erfreut.

Ich möchte in meinem Bericht meine eigenen Erfahrungen wiedergeben, ebenso einige für Reisende interessante Orte und Ausflüge in Vietnam, Laos und Kambodscha. Während meines Aufenthaltes konnte ich glücklicherweise das Land vom Süden bis in den Norden bereisen, also vom Mekong-Delta bis Sapa, wobei ich auch einige Ausflüge abseits der üblichen Touristenpfade unternahm. Gerade Hanoi, wo ich mich die meiste Zeit aufhielt, ist ein idealer Ausgangspunkt für ein- oder mehrtägige Touren und Ausflüge vielfältigster Art. Vietnams touristische Beliebtheit wuchs in den letzten Jahren zunehmend, es hat sich einiges verändert und verändert sich weiter. So entstehen überall neue Hotels, und der Fremdenverkehr wird erschlossen. Es ist nur zu hoffen, dass dieser im gemäßigten Rahmen bleibt und nicht die Infrastruktur dieses schönen Landes sowie die Denkweise der Menschen grundlegend verändert und zerstört.

In meinem Bericht erwähne ich ebenfalls Erlebnisse einer kleinen Rundreise, die mich außer durch Vietnam noch nach Laos und Kambodscha führte.

Im September letzten Jahres war ich seitdem das letzte Mal in Vietnam, aber ich werde sicherlich immer mal wiederkehren. Ich wünsche allen viel Freude und Spaß beim Lesen und hoffe, dass der Bericht dem Leser einige Anregungen gibt und ihn auf Vietnam und seine Nachbarländer einstimmt.

Johannes Kunz

Dschunken in der Halong Bucht

Erste Reise

Das Land, nur wenig kleiner als Italien, beschert eine ungeheure geographische und kulturelle Vielfalt: Vier Jahreszeiten im bergigen Norden und ganzjährig tropische Temperaturen im üppigen Süden prägen das wechselnde Klima und die unterschiedlichen Landschaften.

Vietnams kulturelle Vielfalt rührt von seiner mehr als 4000 Jahre alten fesselnden Geschichte her. Das Jahrhundert chinesischer Besatzung hinterließ einen starken kulturellen Einfluss, der besonders an den Pagoden, der regionalen Küche und dem noch immer praktizierten Konfuzianismus auffällt. Vietnams kaiserliche Vergangenheit erblickt man nah in der ehemaligen Hauptstadt (Hue), wo Zitadelle und königliche Gräber für eine Ära kultureller Wiedergeburt stehen. Das koloniale Erbe Frankreichs zeigt sich an vielen Orten und Stellen , z.B. in Gestalt der oft eidotterfarbenen, gut erhaltenen Villen und Verwaltungsgebäude aus dieser Zeit.

An der 3200 Kilometer langen Küste lassen sich noch unberührte Strände aufspüren, ebenso in den Bergregionen Stämme, die fernab jeglicher Zivilisation leben.

Die ländlichen Regionen mit ihren saftigen Reisfeldern und der üppigen Pflanzenwelt bieten reichlich Gelegenheit, das Leben von etwa 80 Prozent der Landbevölkerung zu beobachten. Heutzutage sind diese Gebiete meist noch unberührt, wohingegen sich in den Hauptstädten ein sichtlicher Wandel vollzieht. Während sich im größten Teil des Landes so gut wie nichts veränderte, tauchen in den großen Städten zunehmend moderne Infrastruktur und Technologien auf. Besucher des Landes wählen zwischen preiswerten und luxuriösen Unterkünften, zwischen öffentlichen und privaten Beförderungsmöglichkeiten und zwischen traditionellem vietnamesischem Essen oder hochwertiger Küche. Wer also gerne auf kulturelle Erkundungstour geht, malerische Landschaften schätzt oder das Abenteuer seines Lebens sucht – für den ist Vietnam das richtige Land!

Leben in Hanoi

Sicherlich eine der interessantesten und sichersten Städte Asiens. Nicht umsonst bezeichnet man sie als Paris des Ostens, denn die Franzosen haben hier offensichtlich ihren Einfluss hinterlassen.

Das Leben spielt sich hauptsächlich in den Straßen ab, etliche Motorräder sausen mit hoher Geschwindigkeit vorbei, Händler bieten ihre Waren an, und an jeder Straßenecke gibt's Phow (Nudelsuppe) zu essen – ein günstiges und leckeres Vergnügen. So geschäftig das Leben auch sein mag, man wird nicht müde, den Leuten beim Feilbieten ihrer Ware zuzuschauen. Restaurants und Geschäfte ändern sich besonders im Altstadtviertel ständig, manchmal monatlich.

Für mich war das Leben in Vietnam eine interessante Erfahrung. Ich bin froh, in Hanoi und nicht in Saigon gelebt zu haben, da das Leben in Hanoi etwas gemächlicher verläuft. Dort kurven schon genügend Motorräder umher, doch Saigon übertrifft diess noch mit mittlerweile rund acht Millionen Einwohnern. Hanoi weist noch den Charme der Kolonialzeit auf, und ist weniger chaotisch als Saigon.

Nun zurück zum Leben in Hanoi. In Vietnam leben Familien viel enger zusammen (im räumlichen wie auch im übertragenen Sinne) als in Deutschland oder anderen Ländern Europas, denn Familie und deren Zusammenhalt nehmen einen höheren Stellenwert ein. Viele Familien sind noch Großfamilien und leben auf kleinstem Raum zusammen (ggf. sieben oder acht Leute im selben Raum), was sicher auch an den hohen Mietpreisen (gemessen am örtlichen Gehalt) liegt, die größere Unterkünfte nicht immer erschwinglich machen.

In der Autowerkstatt gegenüber meinem Büro in der Hang Muoi arbeitete die ganze Familie von früh morgens bis in die Abendstunden zusammen. Vietnamesen sind ein schwer und fleißig arbeitendes Volk. Nicht umsonst spricht man von Vietnam als dem fünften Tiger in Asien, da die Wirtschaft unter anderem durch den aufkommenden Tourismus stark floriert und jeder gerne daran teilhaben möchte.

In der Altstadt ist immer Neues zu entdecken, Restaurants, Läden, Reisebüros und Hotels oder „Guesthouses", zudem gibt's in den Straßen Hang Bac, Hand Dai, Hang Gai oder Hang Bao äußerst günstige Einkaufsmöglichkeiten. Egal ob Kleider, Antiquitäten oder andere vietnamesische Waren, die Preise sind auf jeden Fall akzeptabel und erschwinglich. Wer nicht handelt, zahlt womöglich zu viel. Handeln ist üblich, ja unumgänglich. Man „muss" nicht nach Hoi An fahren, um einen guten Schneider zu bekommen, aber trotzdem lohnt es natürlich eine Reise, zumal von der Unesco als Weltkulturerbe bezeichnet.

In Hanoi ließ ich mich gerne im Motorradtaxi (xe om) durch die Stadt kutschieren, besonders in den Sommermonaten angenehm, wenn einem bei der Hitze der Wind entgegenbläst. Außerdem kostet es nicht viel, zwischen 7.000 und 15.000 Dong: Auch hier handle man ein wenig, denn die Fahrer verlangen nämlich grundsätzlich einen zu hohen Preis. An sich liegt dieser allerdings ziemlich niedrig. Mittlerweile besteht für Motorrad bzw. Moped übrigens Helmpflicht.

Sehnt man sich nach ein wenig Ruhe, so besuche man den Truc-Bac-See oder den West-See. Zwar lädt auch der Hoan-Kiem-See zum Spazierengehen und Sitzen ein, allerdings ist die Chance, angesprochen zu werden, sehr groß. Der See an

Nordvietnam, Geschäfte in einem Dorf

sich ist jedoch schön, und die Pagode auf der Halbinsel eine Attraktion.

Einen weiteren angenehmen Zeitvertreib bieten Biergärten (auch in Vietnam hochbeliebt), Kneipen in der Nähe der Kathedrale oder einfach kleinen Plätze, wo man sich hinsetzt und in aller Ruhe ein Bier trinkt (Vorsicht vor Eiswürfeln). Eine netter Abschluss eines Arbeitstages unter Kollegen.

Tipp in der Stadtmitte Hanois: das Café in der Hang Gai 11, wo sich vom 5. Stock ein unvergesslicher Blick auf Stadt und Hoan-Kiem-See eröffnet. Wenn man es nicht kennt, geht man vermutlich vorbei, denn der Eingang ist schmal und zudem Eingang eines Antiquitätenladens.

Hanois Geschichte reicht fast tausend Jahre zurück. In dieser Zeit erlebte es zahlreiche Einfälle der Chinesen, deren Einfluss sich in Tempeln, Pagoden und religiösen Praktiken widerspiegelt, und sah fast achthundert Jahre lang Kaiser kommen und gehen, bis es 1802 den Status als Hauptstadt an Hue abtrat. Mit der Ankunft der Franzosen Ende des 19. Jahrhunderts erwachte die Stadt zu neuem Leben. Der europäische Einfluss zeigt sich noch immer an den eleganten Kolonialgebäuden, die viele der breiten, baumgesäumten Boulevards zieren.

Heute geht die Bevölkerung auf vier Millionen zu, aber trotz allem vermittelt Hanoi immer noch das Gefühl einer Kleinstadt, besonders in und um das Alte Viertel. Hier die wichtigsten Sehenswürdigkeiten:

Ho Chi Minh Komplex

Ho Chi Minh Komplex: 1975 fertig gestellt, beinhaltet der Komplex das Ho Chi Minh Mausoleum, seinen ehemaligen Pfahlhauswohnsitz, den Präsidentenpalast und das Ho Chi Minh Museum. Angemessene Kleidung wird empfohlen.

Literaturtempel: Ursprünglich als Tempel für Konfuzius gebaut, ist dieser Platz die Stätte Vietnams erster Universität, die bis auf das Jahr1070 zurückgeht. Auf Schildkrötenrücken im Inneren stehen Namen der Akademiker. Der Komplex besteht aus fünf Innenhöfen mit verschiedenen Wegen, ursprünglich dem Kaiser und ranghohen Bürokraten vorbehalten. In einem der Höfe befindet sich die Statue von Konfuzius, von zwei wunderschönen, bronzenen Störchen auf Schildkröten bewacht. Der Tempel unterstreicht die Bedeutung, die die vietnamesische Gesellschaft ab und zu der Bildung zumisst.

Ethnologiemuseum: Bestes Museum des Landes, mit ausführlicher Ausstellung über Vietnams 54 ethnische Minderheitengruppen. Ausstellung sowohl im Inneren als auch durch rekonstruierte, traditionelle Stammeshäuser auf dem Gelände.

Ngoc Son Tempel und Hoan Kiem See: Der Tempel, dessen Geschichte bis auf das 13. Jahrhundert zurückgeht, befindet sich auf einer kleinen Insel im Hoan Kiem See. Die Huc Brücke dorthin bedeutet wörtlich übersetzt: „Platz von Sonnenstrahlen berührt". Der See ist zentraler Punkt der Stadt und Quelle vieler Legenden.

Einer zufolge ließ Kaiser Le Thai To eindringende Chinesen im 15. Jahrhundert mit Hilfe eines magischen Schwertes verschwinden. Während er auf dem See ruderte, schnappte ihm eine riesige Schildkröte das Schwert aus seiner Hand. Der Kaiser nahm das als Zeichen, dass Frieden ein- und das Schwert zu seinem beschützenden Geist zurückgekehrt war. Zur Ehre dieses Moments nannte er den See Ho Hoan Kiem – See des zurückgekehrten Schwertes.

Altstadtviertel: Auch bekannt als die 36 Straßen, beherbergt diese geschäftige Gegend wörtlich tausende kleiner Geschäfte und Ladeninhaber. Ursprünglich war jede dieser 36 Straßen mit einer bestimmten Warenart verbunden, die die dortigen Händler feilboten. Daher läuft man heute von der Fischstraße über die Blechdosenstraße zur Bambusstraße. Ein großartiger Platz, der sich zu Fuß erkunden läßt, und wo sich viele Foto- und Einkaufsmöglichkeiten ergeben.

Hält man sich einige Tage in Hanoi auf, so nehme man sich die Zeit zur Besichtigung der faszinierenden Handwerksdörfer, die in der üppigen Landschaft um die Hauptstadt verstreut liegen. Sei's mit einem Führer oder auf eigene Faust, mit Motorrad oder einer Reisegruppe im Minibus, der Abstecher lohnt sich. Die Fahrt dauert nicht länger als 20 bis 25 Minuten.

Gleich nach Verlassen der Stadt fällt die Ländlichkeit der Gegend auf. Eigentlich ist Hanoi keine richtige Großstadt, denn man hat selten das Gefühl, in einer Stadt von vier Millionen Einwohnern zu sein. Auf einer Fahrt durch die umliegenden Dörfer genießt man die Natur (Reisfelder, Teiche, Palmen) in ganzer Fülle.

Ich mietete mit zwei Freunden ein Motorrad, wobei mir zum Beispiel das „Keramikdorf“ Bat Trang in guter Erinnerung blieb. Es liegt am Roten See, 10 km südöstlich von Hanoi. Dieses Dorf ist seit vielen Jahren durch seine Keramikproduktion (Vasen, Teller, Schmuck, Gefäße …) berühmt. Man guckt den Arbeitern bei der Verarbeitung einzelner Produkte aus Lehm und Ton zu, und hat im Anschluss auch noch Gelegenheit, einige Gefäße zu einem wirklichen Schnäppchenpreis zu erwerben.

Von Bat Trang reise man z.B. weiter Richtung Süden nach Duyen Thai, das sich auf lackierte Bambusprodukte verlegt hat. Unweit davon liegt Bang So mit seinen Bambus- und Rattanwaren. Einige kleine Restaurants verleiten zur Einkehr.

In Quat Dong erwartet eine weitere familiengeführte Werkstätte, wo sich viele vietnamesische Kaiser und Höflinge in der Vergangenheit ihre kunstvollen Kostüme anfertigen ließen. Heutzutage kommen die meisten Waren in Hanois berühmter Hang-Gai-Straße auf den Markt.

Ebenfalls in der Nähe liegt das „Perlmuttdorf“ Chuon, wo man die komplizierte, zeitaufwendige Auslage von Perlmutt in Gegenständen wie Schmuckkästen beobachtet. Von dort ist es dann auch nicht mehr weit zur Altstadt Hanois.

Ankunft

An einem heißen Tag Anfang Mai landete ich zum ersten Mal in Noi Bai, dem internationalen Flughafen in Hanoi. Mir schwirrten viele Gedanken durch den Kopf, was mich erwarten würde, die neue Arbeitsstelle, eine andere Kultur, neue Bekannte. Der Landeanflug mit dem Blick auf viele Felder stimmte mich schon ein wenig ein. Reisfelder, da Vietnam in erster Linie Agrarland ist. Bereits im Mai war die Hitze fast unerträglich.

Nach diversen Zollformalitäten holte mich Sandra, eine Mitarbeiterin meines neuen Arbeitgebers, mit einem freundlichen Hallo und „Ist das alles?“ angesichts meiner Reisetasche, welches mein gesamtes Gepäck darstellte, ab. Gleich darauf ging´s in einem klimatisierten Auto die 35 Kilometer Richtung Hanoi, vorbei an Reisfeldern, arbeitenden Menschen und unzähligen Mopeds. Ich ließ alle Eindrücke erst einmal auf mich wirken, hatte ein gutes Gefühl, denn es war schon immer mein Traum gewesen, in einem anderen Land zu arbeiten. Nun war ich dort, und es konnte endlich losgehen. Ich war von der langen Reise ziemlich müde, weshalb ich mich nach der Ankunft im „Golden Key“-Hotel nahe des Bahnhofes von Hanoi erstmal ausruhte.

Trotz aller Schlappheit verließ ich gleich nachmittags das Hotel und mietete ein Mopedtaxi, wobei ich natürlich gleich übers Ohr gehauen wurde, aber das ließ sich leider kaum vermeiden. Ich genoss den Nachmittag, durch die Straßen zu sausen, alles auf mich einwirken zu lassen, die Abkühlung durch den Fahrtwind. Die Luftfeuchtigkeit betrug Anfang Mai schon über 80%, weshalb man schweißgebadet war, kaum hatte man das Haus verlassen. Noch nie hatte ich so viele Mopedfahrer gesehen. Trotz der unkontrollierten Fahrweise kamen Unfälle nur selten vor, und Leute überquerten sogar noch die Straße mitten im Gebrause der Fahrzeuge. Dies musste ich demnächst auch mal ausprobieren; Gelegenheit würde ich sicher noch genug haben.

Am selben Tag kaufte ich mir eine Sim-Karte, um gleich mobil zu sein und eventuellen neuen Bekanntschaften und Kollegen meine Nummer zu geben. Danach drehte mein Fahrer ein paar Runden um den Hoan Kiem See, einem der Zentren Hanois, ehe es zurück zum Hotel ging, ich eine Dusche nahm und mich bis zum Abend ausruhte.

Sandra, meine neue Kollegin holte mich mit ihrem deutschen Freund Martin ab. Gemeinsam düsten wir mit den Mopeds zur Bar 69 in der Ma-May-Straße im Altstadtviertel, wo es ein vietnamesisches Abendessen und genug Gelegenheit zum Plaudern gab. Nur mühsam hielt ich die Augen offen, denn der Jetlag holte mich ein. Trotzdem war es schön, so weit weg von daheim mit einigen Leuten Deutsch reden zu können. Sandra stammte aus La Reunion im Indischen Ozean, hatte französische Eltern und sprach fließend Deutsch. Mit Ende 20 hatte sie schon an den verschiedensten Orten gelebt und gearbeitet; nun kümmerte sie sich um das Marketing eines vietnamesischen Reiseveranstalters. In Vietnam würde sie so lange bleiben wie ihr Freund.

Am nächsten Tag ging dann auch schon der Alltag los, denn mein erster Arbeitstag stand bevor. Das Büro, glücklicherweise mit Klimaanlage, lag unauffällig in einem mehrstöckigen Haus der Hang Muoi, einer der Straßen des Altstadtviertels. Kien, Inhaber und Geschäftsführer, begrüßte mich freundlich mit den Worten „Hi Jo", Johannes war wohl zu lang ... Na ja. Wegen meines begrenzten Arbeitsvertrags auf sechs Monate bestanden meine Aufgaben hauptsächlich in der Aquisation neuer Kunden in Deutschland, der Übersetzung der Website und anderer Dokumente und der Besprechung neuer Marketingstrategien mit Sandra.

Es herrschte eine legere, lockere Atmosphäre. Das Arbeitsklima war während meines gesamten Aufenthaltes immer freundlich und angenehm, sowohl von der Seite meines Arbeitgebers als auch von meinen Kollegen. Ich freute mich auf meinen neuen Arbeitsbereich, der mir in den kommenden sechs Monaten außerordentlich gefiel.

Neben Sandra arbeitete hier noch ein weiterer Europäer, nämlich Aiden, ein Engländer, der schon in vielen Ländern Afrikas und im mittleren Osten als Reiseleiter tätig gewesen war, bevor er sich in eine Vietnamesin verliebte, in Hanoi sesshaft wurde und heiratete. Die anderen Mitarbeiter stammten allesamt aus Vietnam.

Der Reiseveranstalter, in den Neunzigern von einigen Studenten gegründet, hatte sich mittlerweile als Privatreiseveranstalter mit Schwerpunkt auf Abenteuerreisen verlegt, wobei er einen guten Ruf genoss.

Die Mittagspause verbrachte ich mit Sandra im damals noch existierenden Café Illy, einem Jazzcafé mit guten Mittagsgerichten in Ma May. Dort trank ich einen leckeren Café Sua, einen vietnamesischen Kaffee mit süßer Kondensmilch und Eiswürfeln – köstlich. Vietnam ist ein bedeutender Kaffeeerzeuger mit weltweitem Export. Der Kaffee hat ein angenehmes Aroma; gerade in den Sommermonaten gibt s nichts Besseres als solch einen Muntermacher.

Halong-Bucht

Am nächsten Tag, einem Samstag, wurde ich bereits auf den Betriebsausflug meines Arbeitgebers in die Halong Bucht eingeladen, was ich sehr nett fand. Zum ersten Mal besuchte ich die Bucht, ein unvergessliches Erlebnis an Bord der Dschunke – traumhaftes Wetter, sonnig, ideal zum Schwimmen, ausgelassene Stimmung. Es gab viel Fisch, Krabben, Garnelen, Gemüse und andere Leckereien.

Für mich ein toller Einstieg und ein nettes Willkommen meines neuen Arbeitgebers. Die Halong Bucht ist das Beste, was Vietnam auf Lager hat – ich wiederhole mich hier gerne – bei meinem ersten Aufenthalt zog sie mich schon magisch in ihren Bann. Sie ist ein Traum.

Nach der vierstündigen Fahrt mit dem Minibus nach Halong City bestiegen wir die Dschunke, wo wir nach Ablegen das Mittagessen einnahmen. Nachmittags bestand ausreichend Gelegenheit, im smaragdgrünen Wasser der Bucht zu baden und Kajak zu fahren. Unser Reiseveranstalter hatte damals neu auch Kajaktouren ins Programm genommen, so dass wir unsere eigenen Kajaks an Bord hatten, hauptsächlich Zweisitzer. Es machte sichtlich Spaß, durch die Bucht zu paddeln und unter einigen Höhlen hindurchzugleiten. Da das Schiff alle möglichen Annehmlichkeiten bot, konnten wir sogar vor dem Abendessen duschen. Danach wurde der Abend ordentlich gefeiert, mit einigen Spielen, nach dem manche Reiseleiter nicht mehr ganz so nüchtern waren.

Die Nacht verbrachten wir ebenfalls auf der Dschunke, ein magisches Erlebnis. Der Mond über der Bucht, Sternenhimmel, das Gefühl, eins mit der Natur zu sein, endlose Stille, ab und zu unterbrochen von einigen kleinen Fischerbooten, die auf der Jagd nach einem guten Fang ihr Glück versuchten.

Den Tag beginnt man in der Bucht am besten gegen 05.30 oder sechs Uhr mit einem Sprung ins warme Wasser, womit so mancher gleich den Kater vom Vorabend aufkuriert. Es ist „good morning Vietnam“, wie man so schön sagt. Um acht Uhr wurde Frühstück gereicht, Kaffee und Omelett, im Anschluss der Anker gelichtet und die Fahrt durch die Bucht entlang der Karstinseln fortgesetzt. Gegen elf Uhr gingen die meisten noch mal schwimmen oder Kajak fahren. Nach einer Frischwasserdusche wurde ein leckeres Mittagessen mit allen erdenklichen Sorten Fisch gereicht, bevor wir in den Hafen von Halong City zurückkehrten und mit dem Bus die vierstündige Fahrt nach Hanoi antraten. Ein unvergessliches Wochenende! Nicht umsonst zählt die Halong Bucht zum Weltkulturerbe der Unesco – sie ist einiges mehr als nur Erbe.

Neues Hotel und neue Freundschaft

Von zu Hause aus hatte ich drei Nächte in einem Mittelklassehotel gebucht, konnte aber wegen der Preise natürlich nicht die ganze Zeit dort verweilen. So begab ich mich kurzerhand im Taxi ins Royal Hotel in der Cau Go Straße, mitten im Altstadtviertel von Hanoi. Da die Dauer meines Aufenthalts in diesem Hotel / Guesthouse nicht abzuschätzen war, mietete ich mich auf einen Monat dort ein. Man darf nicht vergessen, dass SARS gerade langsam am Abklingen war, weshalb die Hotel- und Pensionspreise ebenso wie Ausflugspreise alle verhandelbar waren. Viele Zimmer standen leer.

Lange Rede, kurzer Sinn, diese Pension lag knapp acht Gehminuten von meiner Arbeitsstelle entfernt, so dass ich morgens ganz gemütlich hinlief oder ein Mopedtaxi nahm, wenn ich keine Lust zu laufen hatte. „Cau Go“ ist die Schuhstraße in Hanois Altstadtviertel, das heißt, jeder zweite Stand hatte sich auf Schuhe spezialisiert. Das Altstadtviertel Hanois umfasst 36 Straßen, alle einem bestimmten Handwerk zugeordnet: Schuhstraße, Seidenstraße, Saftstraße …

In der nächsten Woche stattete ich der deutschen Botschaft einen Besuch ab, um mich registrieren zu lassen, da ich nun eine Weile in Vietnam leben würde. Sicher ist sicher, dachte ich. Noch nie hatte ich so viele Leute in einer Botschaft um ein Visum für Deutschland anstehen sehen. Das gesamte Prozedere bestand für mich im Ausfüllen eines Formulars. Das einzige Mal, dass ich während meines Aufenthaltes von der Botschaft hörte, war eine Einladung zum deutschen Nationalfeiertag im Melia Hotel Hanoi im Oktober des gleichen Jahres.

Am nächsten Wochenende spazierte ich um den Hoan Kiem See, kaufte mir bei sonnigem Wetter ein Eis, setzte mich auf eine Bank und genoss die Aussicht auf den See. Er ist schön gelegen und gilt als Herz Hanois, allerdings wird man oft angesprochen. Meist, um ein Postkartenset, den „Lonely Planet“ oder ein anderes Buch zu verhökern, aber auch manchmal, wie eben an jenem Sonntag, um ein wenig mit einem Touristen Englisch zu sprechen und die Sprachkenntnisse zu verbessern.

Als mich jener Student ansprach, wollte ich mich zuerst nicht auf ein Gespräch einlassen, da mich ein Verkäufer kurz zuvor ziemlich genervt hatte, aber wie ich nun mal bin, erwiderte ich sein „Hello“. Thang, genauso alt wie ich, hatte eine Arbeit, die er nicht besonders mochte. Er fragte mich, ob ich Lust hätte, mit ihm ein wenig Englisch zu reden. Was soll’s, dachte ich, der Typ ist ganz nett. So gingen wir Kaffee trinken und was essen und wurden beste Freunde.

Er brachte mich zum Literaturtempel Hanois, der ältesten Universität des Landes (gegründet 1070). Im Inneren finden sich Namen der Akademiker, in Stein auf Rücken von Schildkröten graviert. Den Komplex bilden fünf Innenhöfe mit unterschiedlichen Wegen, ursprünglich dem Kaiser und seinen hohen Bürokraten vorbehalten. Einer der Höfe bezaubert mit der Statue von Konfuzius, von zwei Bronzestörchen auf Schildkröten gehütet. Thang war als Student oft hier, zum Zeichnen und um die Seele baumeln zu lassen. Ich nahm ihn mal beim Wort, ein Portrait von mir in Schwarz-Weiß anzufertigen. Er bewies auf jeden Fall Talent.

In einer Bar in der Dien Bien Phu Straße in der Nähe der deutschen Botschaft tranken wir ein paar Café Sua und rauchten Zigaretten. Wir konnten stundenlang reden; ich war froh, einen vietnamesischen Freund gefunden zu haben, mit dem ich ab und zu etwas unternehmen und essen gehen konnte. Wir machten immer Halbe-Halbe, teilten uns die Rechnung, wie das normalerweise sein sollte. Oft knatterten wir abends stundenlang mit dem Moped durch die Gegend, so dass ich beste Erinnerungen an diesen Sommer behalte.

Ich erinnere mich an ein Restaurant in der Nähe des Roten Flusses, wo wir bei Fisch und Gemüse saßen. Thang fragte mich, ob ich Lust auf eine Flasche Reiswein hätte – sicher hatte ich die, also gesagt, getan, teilten wir uns eine zu dem Bier, und die Wirkung wurde nicht verfehlt. Wir witzelten über alles Mögliche, eine tolle Zeit. Allerdings waren wir gegen Ende des Abends verständlicherweise nicht mehr nüchtern. Auf der Heimfahrt genoss ich den Fahrtwind auf dem Rücksitz des Mopeds und vertraute ganz auf Thangs Fahrkünste ...

Mai Chau

Ich arbeitete fünf Tage die Woche. Die ersten Wochenenden nutzte ich hauptsächlich zu einigen Tages- bzw. Zweitagesausflügen von Hanoi aus. Im Altstadtviertel, besonders in der Hang Bac und Ma May Straße, reihte sich ein Reisebüro ans nächste, aber man konnte in der Regel auch direkt in Hotels und Pensionen buchen. Einer der ersten Ausflüge führte mich auf zwei Tage nach Mai Chau.

Am Samstagvormittag holte mich der Minibus ab. Die bunte Gruppe bestand aus etwa zwölf Reisenden: einem Spanier, in Hanoi in der Botschaft beschäftigt, und seinem Sohn, drei weiteren Deutschen, denen zwei US-Dollar für die Tanzaufführung in Mai Chau zu teuer waren, da sie sich das nicht leisten konnten, was zu einem unschönen Streit zwischen dem Reiseleiter und ihnen führte. Ich habe selten gesehen, wie sich Leute so lächerlich machten. Ferner begleiteten uns ein Japaner und ein junges Paar aus Belgien. Die etwa sechsstündige Fahrt war ziemlich ermüdend, jedoch landschaftlich sehr schön, zuerst durch Hanoi, danach vorbei an Reisfeldern und kleinen vietnamesischen Dörfern.

Nach knapp drei Stunden passierten wir Hoa Binh, eine kleine Stadt mit dem größten Staudamm Vietnams, der das ganze Land mit Strom versorgt. Dort hielten wir kurze Rast. In einem kleinen Restaurant auf dem Weg Richtung Mai Chau gab´s etwas zu Mittag: Gemüse, Eier, Fleisch, Frühlingsrollen und zu trinken, was man wollte, meist Cola, Sprite, Wasser, etc.

Nach der Stärkung setzten wir unsere Fahrt fort. Die Straße schlängelte sich leicht bergauf, bis wir irgendwann festsaßen, da in der Nähe Sprengungen stattfanden. So harrten wir knapp zwei Stunden in der Hitze aus. Das war unvorhergesehen, und natürlich wusste niemand, wie lange die Quälerei dauern würde, so dass sich bei einigen Reisenden Unmut breitmachte.

Nun gut, man stieg aus dem Minibus, schoss ein paar Fotos von der Umgebung, lief etwas umher, erfrischte sich an einem der Straßenstände und hoffte, dass es dann doch irgendwann weitergehe. Das tat's natürlich, so dass gegen 16 Uhr das malerische, beschauliche kleine Dorf Mai Chau im Nordwesten Vietnams erreicht war.

Bauer mit Wasserbüffeln

Es liegt in einem kleinen Talkessel, umgeben von Bergen und Reisfeldern. Die Berge und einige Dörfer außerhalb Mai Chaus bilden die Heimat ethnischer Minderheiten, der Hmong oder Muong. Sie haben ihre Kultur bewahrt, wohnen weiterhin in Pfahlhäusern und bewirtschaften die nahen Felder. Pfahlhäuser dienten zum Schutz vor den Wassermassen in der Regenzeit, wie auch zum Schutz vor wilden Tieren, die jedoch heute keine so große Bedrohung mehr darstellen. Der Fremdenverkehr brachte nur geringfügige Änderungen. Reisende übernachten z.B. im Gemeinschaftsraum eines Pfahlhauses auf Matten, ein interessantes Erlebnis.

Wir waren froh, dort angekommen zu sein, einen Tee trinken und erstmal alle Viere von uns strecken zu können, bevor wir einen kleinen Spaziergang durchs Dorf unternahmen.

Abends gab's traditionelles Abendessen, außerdem eine Tanzaufführung zum geringen Betrag von zwei US-Dollar. Dazu konnte man süffigen Reiswein aus einem Bambusrohr trinken, der gute Laune machte.

Es war ein netter Abend, etwas verleidet allerdings durch die vielen vom Licht angezogenen Mücken. Mai Chau ist nicht unbedingt das Malariagebiet Vietnams, aber ich war froh über meinen Mückenschutz. Nach der Aufführung zog man sich unter ein Moskitonetz im Gemeinschaftsraum zurück, etwas rustikal, aber man muss so etwas mal erleben. Ich schlief nicht gut, da es doch etwas ungewohnt war.

Geweckt wurden wir sicher nicht viel später als fünf Uhr morgens durch die Dorfhühner. Schlaftrunken griff ich nach meiner Coladose von gestern und meinen Zigaretten, und begrüßte so den Morgen. Good morning Vietnam, es versprach wieder ein wundervoller Tag zu werden, die Sonne erhob sich langsam über den Bergen. Zum Wacherwerden duschte ich kurz, wonach meine Kräfte zurückkehrten.

Die anderen Reisenden erwachten auch langsam. Zum Frühstück gab´s Omelette, Kaffee, Tee und Nudelsuppe. Danach stand ein Rundgang durch den Ort auf dem Programm, ferner hatten wir Gelegenheit zum Erwerb einiger hier gefertigter kunsthandwerklicher Waren aus dem Dorf, wie Stickereien oder Messer. Um 10 Uhr morgens herrschte brütende Hitze, weshalb jeder immer seine Flasche Wasser mit sich führte. Man konnte kaum genug trinken, zumal die Gefahr des Austrocknens sehr hoch war.

Auf der Straße lag eine überfahrene Schlange. Von denen gab es in dieser Gegend sehr viele, unter anderem die giftige Bambusotter.

Wir schauten einige Pfahlhäuser in einem anderen Dorf an, bekamen Tee serviert und schlenderten dann zurück. Einige Kinder pflügten mit den Wasserbüffeln die Felder und winkten uns zu.

Zurück in der Unterkunft unterhielt ich mich beim Mittagessen mit dem Spanier und seinem Sohn auf Spanisch. Uns allen gefiel diese Kurzreise, so dass wir beim besten Willen nicht verstehen konnten, dass einige meiner Landsleute ein derartiges Aufhebens wegen ein paar Dollars machten. Auf der Rückreise nach Hanoi genossen wir die Fahrt bei sonnigem Wetter und einer beeindruckenden Landschaft. Nach ein paar Monaten, kurz vor Verlassen des Landes, unternahm ich erneut eine Zweitagestour dorthin, die mich wie beim ersten Mal begeisterte.

Freizeitspaß

Zum Glück hatte ich das Hotelzimmer in der Cau Go nur für einen Monat angemietet, denn weder Service noch die Aussicht in einen Hinterhof entsprachen meinen Erwartungen. Deswegen traf es sich gut, als ich eines Tages in einer Mittagspause im Kaiserkaffee in der Hang Be Straße bei einem Milchshake mit der Wirtin plauderte. Sie empfahl mir das Moonlight Hotel in der Ma May Straße, nur eine Gehminute von meinem Büro entfernt und ein paar Schritte neben dem Tamarind Café, einem bekannten, guten vegetarischen Restaurant. Der Name klang etwas zweideutig, doch es entpuppte sich als ganz normales Hotel ohne Rotlicht.

Im Kaiserkaffee, einem kleinen vietnamesischen Café bzw. Restaurant, wurden übrigens deutsche Gerichte aufgetischt. Die vietnamesische Inhaberin sprach fließend Deutsch, denn ihr Mann hatte in den 70 er Jahren in der DDR gearbeitet.

Innenhof des Cafés in der Hang Gai Straße 11 in Hanoi

Straßenszene in Hanois Altstadtviertel

Bananenverkäuferin in Hanoi

Hoan Kiem See in Hanoi

Hung Sot Höhle in der Halong Bucht

Diverse Wurzeln und Ingwer auf einem lokalen Stand

Auch ihre Kinder studierten in Deutschland. Der Aufenthalt dort bot mir manchmal eine willkommene Abwechslung, wenn ich mal wieder Deutsch sprechen wollte oder es mich nach einer Currywurst verlangte. Mittlerweile zog das Kaiserkaffee ins Hai Ba Trung Viertel um, wie ich bei einem meiner letzten Besuche in Hanoi feststellte.

In der Ma May Straße traf ich auf eine freundliche Besitzerin und ein helles, freundliches Zimmer im 4. Stock (zwei Fenster, Fernseher, Kühlschrank etc). Ich war damit ebenso zufrieden wie mit dem Preis, da ich das Zimmer für einen längeren Zeitraum mietete. Mir wurde nun auch klar, woher der Name „Moonlight Hotel“ kam: Die Besitzerin hatte den vietnamesischen Nachnamen, übersetzt Mond, daher der Name des Hotels. Dies nur am Rande.

Wir einigten uns, und einige Tage später bezog ich dieses Zimmer, wo ich bis zum Ende meines Aufenthaltes in Vietnam blieb. Ich fühlte mich wohl in diesem Zuhause auf Zeit, zumal ich das oberste Stockwerk bewohnte. Es war nicht das Hilton, aber sauber und preiswert, und ich hatte meine Ruhe. Im letzten Hotel wurde ich einmal nach Mitternacht von einer netten Dame angerufen, die mich nicht nur zum Tee einladen wollte, wie man sich denken kann.

So wechselte ich voll Zufriedenheit das Hotel. Internet gab es ebenfalls unten an der Rezeption, ältere Windows-Versionen wohlgemerkt, so dass man also während der Ladezeit am besten Solitaire spielte oder sich den Wind des Ventilators ein wenig um die Ohren blasen ließ. Überdies bot das Hotel ebenso wie andere einen Wäscheservice an, so dass ich die Wäsche am Morgen einfach runterbrachte und am Abend oder nächsten Tag sauber abholte.

Ein paar kleine Läden um die Ecke verkauften Shampoo, Zahnpasta etc., außerdem lag auf dem Weg zu meinem Arbeitgeber ein Getränkegroßhändler, bei dem ich immer en gros meine Fanta, Sprite und Cola kaufte. Man muss im Sommer schließlich versorgt sein. Seltsamerweise gab es in Hanoi nur einen richtigen Supermarkt, so wie man ihn von Europa kennt, sonst meist nur kleine Geschäfte. Ich zumindest habe auch in anderen Bezirken Hanois nicht mehr gefunden.
Wegen der stets hohen Luftfeuchtigkeit schmolz Eis natürlich unwahrscheinlich schnell. Ich kaufte irgendwo ein Eis, das sich binnen zwei Minuten verflüssigte, so rasch wie noch nie. Man musste also reinhauen.

Das Leben in Hanoi verlief um einiges interessanter als in Deutschland. Man begann jeden Tag neu, es gab immer Unbekanntes zu entdecken, neue Gerichte zum Probieren oder neue Erfahrungen.

Leider war ich während meines Aufenthaltes in Vietnam ein paar Mal zu oft krank, da ich verschiedene Male verunreinigtes Wasser oder Essen zu mir nahm. So hatte ich eines Morgens Lust auf Zitronensaft, den ich an einer Straßenecke kaufte. Die Verkäuferin fragte mich, ob ich denn Eis dazu möchte – aber gerne doch. Da war es flugs geschehen, so dass ich die nächste Woche zwischen Bett und Badezimmer verbrachte. Selbst durch Imodium wurde es nur bedingt besser, denn die Erreger mussten natürlich raus.

Manchmal kannte man den Grund einer plötzlichen Krankheit aber selber nicht. Klar, das Wetter machte oft müde. Sandra riet mir auf jeden Fall zu Salzen, Vitaminen und Mineralien, um wieder fit zu werden und mich besser zu fühlen. Als hilfreich erwies sich auch hier Zitronensaft; Cola half nur bedingt, da sie dem Körper häufig Flüssigkeit entzog.

Viele fragen sich vielleicht, was man denn als Deutscher in Hanoi so treibt. Nun, es wohnen in Hanoi nicht allzu viele Landsleute, aber eine kleine Gemeinschaft existierte dennoch, die sich manchmal auf ein Glas oder wie damals zum wöchentlichen Fußballspielen in der Nähe des Westsees traf.

Martin holte mich eines Donnerstagabends im Mai Nähe des Hoan Kiem Sees mit seiner russischen Minx ab und düste mit einem Tempo los, dass ich fast vom Bike geflogen wäre. So ging es vorbei am Ho Chi Minh Mausoleum und dem Sofitel Plaza Richtung Westsee zum Bolzplatz, wo sich etwa dreißig Deutsche regelmäßig trafen. Flutlicht gab es auch, aber es war eher lustiges Treffen und Gekicke als seriöser Fußball.

Man stelle sich vor, bei 35 Grad im Schatten und einer Luftfeuchtigkeit von über 85% zu kicken; nach knapp 10 bis 15 Minuten war für mich jedenfalls Schluss mit lustig. Ich wechselte für eine Weile ins Tor, nachdem ich aus allen Poren schwitzte und nach Atem hechelte. Na ja, nach einer Pause ging es dann doch noch weitere fünf Minuten. Glücklicherweise machte ich nicht als Einziger bei diesen Temperaturen schlapp. Ich ruhte mich erstmal aus und leerte in Ruhe die Flasche Wasser.

Nach dem Spiel fuhren alle zusammen in eine Kneipe in der Nähe, und plauderten über alles Mögliche. Es war ganz nett, wobei ich auch nicht jede Woche Fußballspielen ging.

Witzigerweise hatte ein Kollege am selben Tag (10. Juni) Geburtstag; davor hatte ich noch niemanden getroffen, der am gleichen Tag feiern konnte. Zu meiner großen Überraschung bekam ich einen Strauß Rosen von meiner Gastgeberin, Miss Moon geschenkt, die sich meinen Geburtstag gemerkt hatte. Damit hatte ich nun wirklich nicht gerechnet. Ich freute mich riesig und bedankte mich sehr bei ihr.

Zwar musste ich arbeiten, aber für den Abend war so einiges geplant. Pham Ha, mein Kollege, sagte, ich solle im Lager Beer auf der Dachterrasse in der Altstadt auf ein Glas vorbeikommen. Nach der Arbeit traf ich zwei Bekannte, Thang und seinen Cousin, die mich gleich begleiteten. Mit meinem Kollegen ging es anschließend in die Nähe der Kathedrale. Nach einer Runde mit dem Bike um den Westsee betraten wir eine Karaoke-Bar, wo ich Tony Christie's „Yellow River" zum Besten gab; keine Ahnung mehr, was Thang raussuchte. Ich erinnere mich noch dunkel an „Cherish" von Kool & the Gang, außerdem sangen wir zusammen

„Fool Again“ von Westlife. Ich war selig, denn an meinem 25. Geburtstag hatte ich einen solchen Spaß wie lange nicht.

Läuft man in Hanoi durch die Straßen, so spricht einen ganz sicher ein Motorradtaxifahrer mit den Worten „xe om“, also Motorradtaxi, an; wenn man länger umherläuft, nicht nur einmal. Es gehört einfach zum Straßenleben dazu. Ich fand die ständigen Fragen auf der einen Seite witzig, auf der anderen auch ein wenig lästig, besonders von einem Fahrer, der mich ohnehin jeden Tag auf dem Weg zur Arbeit sah. Die Taxifahrer verhalten sich normalerweise nicht aggressiv. Handeln ist immer angesagt, was teils auch Spaß macht. Beharrte der Fahrer auf seinen Preis und ich ging weiter, so änderte er oft rasch seine Meinung und ließ sich auf meinen ein. So lief das dort ab. Man hatte nur die Spielregeln zu kennen und den Preis vor der Fahrt auszuhandeln, ansonsten wurde man gnadenlos abgezockt.

Bei einem befristeten Aufenthalt in Hanoi benötigt man eigentlich kein eigenes Moped, obwohl fast jeder eines besitzt. Mit diesen Mopedtaxis kommt man meist wunderbar voran. Martin, Sandras Freund, besaß eine alte russische Minx. Nicht nur beim Anlassen, sondern während der ganzen Fahrt verursachte diese Mühle einen Heidenlärm, aber es war toll, mit so einer Maschine durch die Stadt zu kreuzen. Gerade bei in Vietnam wohnenden Europäern erfreuen sich diese alten, russischen Motorräder großer Beliebtheit, wohingegen Vietnamesen sie fast gar nicht benutzen.

In Vietnam fahren hauptsächlich drei Arten Mopeds: die billigsten chinesischen für knapp 500 US-Dollar, thailändische für ca. 800 US-Dollar und italiensche Vespas für ab ca. 1500 US-Dollar aufwärts.

Bei Millionen Mopeds erleben Auto- und Mopedwerkstätten in Hanoi natürlich nie Inflation. Gegenüber meines Büros in der Hang Muoi Straße beschäftigte sich die Familie einer Werkstatt den ganzen Tag mit Reifen- oder Ölwechsel.

Thien Tru Pagode

Fürs nächste Wochenende plante ich einen Tagesausflug zu Vietnams Pilgerziel Nummer 1, der „Thien Tru Pagode“ (oder schlicht Parfümpagode), so dass ich ging kurzerhand zu meiner Rezeptionistin marschierte und den Ausflug dorthin für den folgenden Tag zu 15 US-Dollar buchte. Es sollte wieder gegen 7.30 Uhr losgehen. Man wurde vom Hotel abgeholt und andere Gäste aus anderen Pensionen wurden ebenfalls eingesammelt. So freute ich mich auf einen netten Tagesausflug und packte natürlich gleich die Kamera mit ein.

Bevor es losging, kamen wie immer einige Frauen mit Croissants, Brötchen und Wasser zum Verkauf. Hungrig wie ich war, nahm ich das Angebot gerne an, nachdem ich auch hier etwas handelte. Den Preis von 50.000 Dong, also knapp 4 Euro, fand ich ein wenig zu hoch, nachdem mir das Mädchen an der Rezeption riet, nicht mehr als 15.000 zu berappen.

So begann der Tag. Bei allen herrschte wie im Urlaub stets gute Laune. Die meisten waren Touristen, wobei der Japaner, der mit nach Mai Chau gefahren war, uns diesmal begleitete. Wir hatten uns zwischenzeitlich gelegentlich in einer Bar getroffen. Er war in Hanoi gestrandet, wo er in der Hang Boc Straße als Kellner in einem japanischen Restaurant eine Anstellung hatte.

Die Fahrt führte an einer Autobahn entlang Richtung Süden, bevor es auf einigen Feldwegen und Landstraßen weiterging und wir schließlich am Ufer des kleinen, gemächlichen Flusses „Yen" im Dorf Duc Halt machten.

Per Boot tuckerten wir die nächsten anderthalb Stunden gemächlich den Fluß entlang, vorbei an Karstfelsen, Reisfeldern, Teichen. Die kleinen Boote sahen aus, als ob sie jeden Augenblick voller Wasser laufen würden, aber nichts dergleichen geschah. Der Wasserstand des Yen Flusses beträgt höchstens auch nur 60–80 Zentimeter, so dass wir also zur Not knietief im Wasser gestanden wären. Ins Boot selber passten vier Passagiere plus Bootsmann; in meinem reiste u.a. ein Engländer, der zu dieser Zeit gerade auf seiner Welttour Halt in Vietnam machte, ein interessanter Typ. Das fand ich beim Reisen immer bemerkenswert, die interessantesten (und manchmal auch nette) Leute zu treffen.

Mit zunehmender Fahrtdauer schliefen meine Beine ein, aber ein Ende war in Sicht. So vertraten wir uns nach dem Anlegen erstmal die Beine, bevor wir die kleine Wanderung zur Pagode in Angriff nahmen. Die Wanderung dorthin führte

Bootsanleger am Yen Fluss

Landschaft mit Karstbergen im Hintergrund nahe der Parfümpagode

ca. eine Stunde leicht bergan. Man lief durch den Regenwald, eine faszinierende, atemberaubende Landschaft. Auf dem Weg zur Pagode luden immer wieder kleine Stände mit Essen oder Getränken zu Rast. Gerade im Sommer konnte der Weg doch etwas schweißtreibend sein.

Da im Mai / Juni die Regenzeit einsetzte und die Gegend um die Parfümpagode bekannt für Niederschläge war, kam dann auch, was kommen musste: Auf halbem Wege begann es zu hageln, was mich von oben bis unten durchnässte. Zum Glück fand ich auf einem kleinen Sitzstand Unterschlupf, aus dem ich den Regen genoss. Es war schon ein tolles Erlebnis, auf den verregneten Regenwald zu blicken. Viele Leute denken, es regne in der Regenzeit ununterbrochen, was aber nicht stimmt. Nach knapp 20 Minuten heftigen Regenfalles hörte er auf, so dass wir unsere Tour zur Pagode fortsetzten.

Die Parfümpagode ist einer der Höhepunkte in der Gegend von Hanoi und eine der wichtigsten religiösen Stätten des buddhistischen Vietnams. Diesen Tagesausflug von Hanoi sollte man sich keinesfalls entgehen lassen! Jeden Frühling, nach dem vietnamesischen Neujahr, pilgern tausende von Vietnamesen hierher, um Gesundheit und Reichtum zu beten, den sie benötigen, um durch das neue Jahr zu kommen.

Die Pagode selbst befindet sich in einer in die Kalksteinklippen gehauenen Höhle, die nur per Boot erreichbar ist. Es gibt keine Straßen. Man gleitet entlang

reizvoller Wasserwege und wandert auf steilen Bergpfaden zu den Pagoden und Tempel, die in dieser Gegend vor Jahrhunderten errichtet wurden.

Zur Pagode und zu diesem Ausflug galt auch das Sprichwort „der Weg ist das Ziel". So interessant der Standort der Pagode in einer Höhle auch ist, so fand ich doch den Weg dorthin viel fesselnder und sehenswerter, allen voran die Bootsfahrt auf dem Yen-Fluss sowie der Spaziergang bergauf durch den Regenwald.

Auf dem Rückweg, kurz vor dem Bootsanleger nahmen wir kurz nach Mittag das Mittagessen zu uns: vietnamesische Frühlingsrollen, Eier, Gemüse, Fleisch und Reis, also eine typisch vietnamesische Mahlzeit. Normalerweise ist der Reiseveranstalter „Sinh Cafe" wenig empfehlenswert, war jedoch für einen Tagesausflug zur Parfümpagode völlig in Ordnung, was das Preis-Leistungsverhältnis anbetraf. Die Preise bewegten sich akzeptabel bei knapp 15 US $ inklusive Mittagessen.

Kleiner Tipp: Man reise nicht während des Tet-Festes hierher, da dann wegen der vielen Besucher kaum ein Durchkommen auf dem schmalen Wege ist und man unter Umständen lange auf das Boot zu warten hat.

Abschiednehmen

Ich war momentan in meiner Arbeitsstelle sehr mit dem Übersetzen der Website ins Deutsche beschäftigt, ebenso mit der Kundenaquise deutscher Veranstalter. Gerade die Website nahm wegen der unzähligen Dokumente mächtig viel Zeit in Anspruch. Ich übersetzte aus dem Englischen, wohlgemerkt, nicht aus dem Vietnamesischen. Vor meiner Reise übte ich in Deutschland mit einem Sprachtandempartner, um wenigstens ein wenig die Sprache zu erlernen, was dann aber angesichts der sechs verschiedenen Betonungen ein fast unmögliches Unterfangen für mich darstellte. So lernte ich lediglich einige für mich wichtige Phrasen, wie z.B. die Rechnung, etc.

Mitte Juni eröffnete mir Sandra, dass sie nur noch bis Ende des Monats dort arbeiten würde. Sie war nun schon knapp zwei Jahre dort beschäftigt, sah keine vielversprechenden Perspektiven mehr, weshalb sie nun wechseln wollte. Sie würde in Hanoi bleiben, da ihr Freund auch weiterhin dort lebte, aber sie wollte in einem internationalen Umfeld tätig sein.

Zum Mittagessen besuchten wir das „Baguette et Chocolat", ein nettes französisches Restaurant in der Cha Ca Straße nahe des alten Sitzes des Goethe-Institutes. Ich bedauerte ihren Wechsel, wünschte ihr jedoch viel Glück zu ihrer weiteren beruflichen Zukunft bei gleichem Gehalt. Wir bestellten Crème Caramel und Mousse au Chocolat als Dessert und genossen die französische Küche. Der Inhaber des „Baguette et Chocolat" setzte sich übrigens für sozial benachteiligte Jugendliche in Hanoi ein und bot ihnen die Chance einer Ausbildung im Gaststättengewerbe, eine gute Sache.

Sandra schlug vor, am Abend mit Martin und Heike, einer deutschen Freundin und schon Jahre in Hanoi ansässig, das „Highway 4" aufzusuchen, eine nette Bar in der Hang Tre Straße mit gemütlichen Sofakissen, wo kleine Snacks und Hochprozentiges serviert wurden. Als eines der wenigen Lokale Hanois besuchten es sowohl Einheimische als auch Expatries, wohingegen viele andere Lokale meist nur von Vietnamesen oder Expats frequentiert wurden, wie etwa das „Café des Amis" oder das „Stop Café" in der Bao Khanh.

Im „Highway 4" feierten wir also Sandras weiteren beruflichen Weg. Wir stiegen einige Treppen hinauf bis zur luftigen Dachterrasse, entledigten uns unserer Schuhe und machten es uns mehr oder weniger im Schneidersitz auf den Kissen bequem.

Eine Spezialität im „Highway 4" waren Schnäpse, teils selbstgebraut. Ich hatte mich für „Ming Ming" entschieden, woraufhin Heike meinte, der sei nicht übel und gehe in die Knochen. Offensichtlich hatte sie schon alle Möglichen probiert, denn sie wohnte immerhin schon seit vier Jahren in Hanoi. Dazu gab es Erdnüsse und getrocknetes Rindfleisch, ein wahrer Genuss übrigens.

Es wurde ein vergnüglicher Abend. Heike berichtete von ihrer Arbeit, ihren Lieblingsbierecken in Hanoi und dass sie nach wie vor gerne dort lebe. Sie hatte schon viele Expats kommen und gehen sehen, aber so ein Leben wie in Vietnam, ungezwungen und nach ihren eigenen Regeln, könne sie kaum in Deutschland führen. An einem anderen Tag würden wir nach dem Fußballspielen zu ihrem Haus in der Nähe des Westsees fahren und eine Runde im Pool planschen. Ich konnte sie verstehen – man muss seine Träume leben. Klar, in Vietnam ist nicht immer alles einfach, und es gab Tage, da würde man am liebsten abhauen, aber dann kommen wieder Momente, wo man einfach nur glücklich war.

Halong-Bucht

Angesichts der großen Hitze führte mich ein weiterer Zweitagesausflug in die Halong-Bucht, diesmal mit dem Veranstalter „ODC Travel", welchen mir ein Bekannter empfohlen hatte. Da mein Aufenthalt in Hanoi in die Sommermonate fiel, reiste ich oft übers Wochenende in die Halong-Bucht, nicht nur dieses Mal.

Möchte man Hanoi verlassen oder hält man sich im Norden Vietnams auf, so ist ein Besuch dieser Bucht Pflicht. Allen Reisenden, die nur ein paar Tage für den Norden einplanen, sei gesagt, dass Sapa oder andere Tagesausflüge ruhigen Gewissens entfallen können, keinesfalls jedoch die Halong-Bucht.

Karstberg in der „trockenen Halongbucht“ nahe Tam Coc

Damit der Ausflug zu einem Vergnügen und keinem Reinfall wird, bitte weder bei *Sinh Café*, noch *Kim Travel* noch dem *Prince Café* buchen, denn diese Anbieter, allen voran erstgenannter, pferchen ca. 50 bis 60 Leute an Bord und leisten nur mangelhaften Service.

Möchte man sich etwas Gutes gönnen, so buche man mit Buffalo Tours, wobei man am besten den Zweitagesausflug mit der „Jewel of the Bay" wählt. Kostet zwar eine Kleinigkeit, aber man hat die Gewißheit, einer von nicht mehr als zehn oder vierzehn Personen zu sein. Die Kabinen an Deck verfügen über eine Klimaanlage, und das Essen schmeckt einzigartig. Da ich selber bei Buffalotours arbeitete und die Abläufe kenne, kann ich sagen, dass Organisation und Durchführung dieses Ausflugs optimal verliefen, mit einer guten Abwicklung und persönlichem Service. Zudem gehörte die Dschunke ebenfalls dem Reiseveranstalter.

Wer es etwas günstiger mag, mit einer Kleingruppe von 16 Personen und ebenfalls gutem Service, reise mit ODC Travel. Ich machte mit diesem Anbieter bereits viermal die Tour in der Bucht, wobei ich immer nur gute Erfahrungen hatte. Exzellentes Essen, guter Service, kleine Gruppen, Liegestühle an Bord und Gelegenheit zum Schwimmen. Mittlerweile stattete ODC Travel seine Kabinen ebenfalls mit Klimaanlagen aus.

Als UNESCO-Weltkulturerbestätte zählt die Halong-Bucht zu den spektakulärsten Naturwundern Vietnams. Die winzigen Kalksteininseln weisen viele Stränden und Grotten auf, von Wind und Wellen geformt, teilweise nur bei Ebbe zu betreten. Sie bilden die perfekte Kulisse zum Schwimmen oder zum Entspannen an Deck einer vietnamesischen Junke.

Die Halong-Bucht erstreckt sich über eine Fläche von etwa 1.500 Quadratkilometern, von der mehr als tausend Kalksteinerhebungen aus dem kristallklaren, smaragdfarbenen Wasser herausragen. Viele von ihnen sind grün, also über und über von Pflanzen überwachsen; die größeren überwuchert teils dichter Dschungel.

In den Grotten und Höhlen warten bizarre Stalaktiten und Stalagmiten. Teilweise bildeten die Naturkräfte regelrechte Durchgänge im Fels. Die mit 354 km^2 größte Insel ist Cat Ba, auf der etwa 12.000 Insulaner vorwiegend von Fischfang, Austernzucht und zunehmend vom Fremdenverkehr leben. Die höchste Erhebung ragt über 330 Meter empor. In den siebziger und achtziger Jahren des vergangenen Jahrhunderts diente sie als Ausgangspunkt zahlreicher „Boat People".

„Vinh Ha Long Hán nôm" bedeutet: „Bucht des untertauchenden Drachen". Der Legende nach entstand die Bucht durch einen Drachen, der in den Bergen nahe dem Meer lebte. Als er zur Küste lief, zog er mit seinem Schwanz tiefe Furchen in das Land, die dann das Meer überflutete, als der Drache ins Wasser tauchte.

Bei einem Ausflug in die Bucht fährt man zuerst mit dem Minibus ca. vier Stunden von Hanoi aus ans Meer. Zwischenhalt bildet meist Sao Da, ein Handwerksdorf mit Verkauf diverser Andenken.

Typische vietnamesische Dschunke

Idealerweise speist man entweder in der Nähe des Hafens zu Mittag, wonach man sich an Bord der Dschunke begibt. Es ist ein Traum, durch die Bucht zu schippern, wobei natürlich ausreichend Gelegenheit zum Schwimmen im smaragdgrünen Meer besteht. Unterwegs kann man ebenfalls eine berühmte Höhle besichtigen, in der einst ein berühmter Pirat seine Schätze gehortet hatte. Die Fahrt entlang an den vielen kleinen Karstinseln ist unglaublich schön, und man bekommt am Abend ein köstliches Abendessen aufgetischt. Danach kann man die Stille an Bord genießen und einfach die Seele baumeln lassen, denn die Übernachtung an Bord der Dschunke ist etwas ganz Besonderes. Den nächsten Morgen wage man sogleich einen Sprung ins Meer, um den Tag zu begrüßen.

Die Cat Ba Variante würde ich nicht unbedingt empfehlen, da meiner Meinung nach uninteressant und zum Wandern viel zu heiß.

Jedenfalls wurde ich nicht enttäuscht, denn im Preis von nur 38 US Dollar waren Anfahrt, Übernachtung auf dem Boot und alle Mahlzeiten inklusive. Lediglich die Getränke gingen zusätzlich. Der Service war ausgesprochen zuvorkommend und der Reiseleiter gut geschult.

Der Leiter machte ein paar Witze auf dem Weg Richtung Halong City, und so nahmen wir Fahrt auf. Insgesamt bestand die Gruppe aus 14 Personen, die Höchstgrenze der Gruppe lag bei diesem Veranstalter bei 16 Personen, also eine nette Kleingruppe. Unterwegs machten wir nach zwei Stunden in einem kleinen Handwerksdorf eine kleine Erfrischungspause, ehe es Richtung Bucht weiterging. Dort gab's diverse vietnamesische Andenken wie Essstäbchen, Likör, Messer oder Seide zu kaufen. Das Wetter war schwülwarm mit der gewohnten Luftfeuchtigkeit von knapp 90%, so dass ich es kaum erwarten konnte, auf das Boot zu gelangen.

Endlich langten wir an. Auf dem Boot wurde schmackhaftes Mittagessen serviert: Tintenfisch, Krabben, Eier, Gemüse, Reis, Wassermelonen. Mit dem Ablegen der Dschunke begann ein weiteres Abenteuer für mich. Ich unternahm die Reise alleine, aber Gespräche entwickelten sich mehr als genug mit den Mitreisenden.

Nach dem Mittagessen bezog ich erstmal meine Kabine und nahm eine erfrischende Dusche, ehe ich mich mit meinem MP-3-Player und ausreichend Sonnenschutz ans Oberdeck begab, mich sonnte und die herrliche Fahrt in die magische Bucht genoss. ODC Travel hat wie erwähnt Liegestühle an Bord (keine Selbstverständlichkeit), ideal zum Sonnenbaden.

Wie wahrscheinlich alle Reisegruppen legten wir nahe der Höhle an und hatten Gelegenheit zur Besichtigung. Ich zog dieses Mal allerdings Schwimmen vor, zumal die Besichtigung der Höhle immerhin knapp 45 Minuten in Anspruch nahm. Das Wasser nahe der Höhle ist nicht so klar und sauber, da hier alle Dschunken und Boote anlegen, aber mir war es ziemlich einerlei. Das Schwimmen machte jedenfalls Spaß; zwei andere Reisende taten es mir gleich. Nachdem die anderen von der Besichtigung zurückkamen, setzte sich die Dschunke wieder in Bewegung. Kurz vor Sonnenuntergang bot sich nochmals Gelegenheit zum Schwimmen, was wiederum viel Vergnügen bereitete.

Das Abendessen war wiederum ausgezeichnet. Einige Pärchen gingen anschließend ans Oberdeck, um den Sternenhimmel über der Bucht zu genießen – ich übrigens auch. Es war einfach grandios. Wir ankerten an einer ruhigen Stelle und genossen die Stille der Nacht, jeder hing seinen Gedanken nach. Ich fand es jedenfalls bemerkenswert und fand mich selten so eins mit der Natur wie hier. Es war einfach nur zauberhaft. Kein Wunder, dass sich um die Bucht unzählige Mythen rankten und sie oft besungen wurde. Selbstverständlich, dass sie zum Weltkulturerbe zählt.

Irgendwann suchte auch ich dann meine Kabine auf und schlief unter dem Summen des Ventilators ein. Am nächsten Morgen erwachte ich wie gewöhnlich früh und betrachtete einen wunderschönen Sonnenaufgang. Es war warm, und ich dachte mir, was kann man Besseres machen, als gleich schwimmen zu gehen? Ein Mitreisender hatte dieselbe Idee. Es wurde ein schöner Beginn eines neuen Tages. Zum Frühstück trafen sich alle wieder. Man erzählte einander, wie man geschlafen hatte, und fühlte sich kaum besser. Langsam wurde der Anker wieder eingeholt und Fahrt durch die Bucht aufgenommen.

An jenem Wochenende sahen wir eine Dschunke eines anderen Veranstalters mit wohl über 60 Leuten an Bord. Diese waren nicht zu beneiden und wir hingegen alle froh, ein paar Dollar mehr gezahlt zu haben. Die Massenreise war sicher keine Erholung.

Ich erinnere mich noch an den Anblick einer anderen Dschunke, die auf einer Insel aufgelaufen war. Eine andere versuchte per Seil verzweifelt, sie von dort wegzubringen, was so leider nicht gelang. Danach tuckerten wir langsam zurück nach Halong City, bevor wir die Rückfahrt nach Hanoi antraten.

Sapa und Bac Ha

Die Hitze des Sommers forderte ihren Tribut. Länger als nötig sollte man tagsüber nicht auf den Straßen umherlaufen. Ich fühlte mich müde und abgespannt, trank literweise Kaffee und Cola, was aber nicht viel half; auch der Limonensaft war nur ein kurzer Aufheller. Zum Glück gab es Sandra, die das Syndrom kannte und mir riet, unbedingt Salze, Mineralien und Vitamine zu mir zu nehmen. Durch die hohe Luftfeuchtigkeit schwitzte man natürlich umso mehr aus, und genau die Stoffe waren dem Körper zuzuführen. So schluckte ich nun jeden Tag Vitaminpillen und trank Aufbaupräparate, wonach es mir wirklich besser ging. Als weitere Stütze versuchte ich so oft es ging, Säfte zu mir zu nehmen.

Vielleicht würde mir eine Kurzreise nach Sapa, in die Bergregion im Norden Vietnams guttun, dachte ich mir, da das Klima dort etwas gemäßigter war. Außerdem hatte ich Mitte Juni schon so vieles von Sapa gehört, der Bergregion im Norden des Landes, so dass ich mir vornahm, selbst einige Tage dort zu verbringen. Ein kombinierter Viertagesausflug mit dem Minibus, welcher auch noch das benachbarte Bac Ha einschloss, hatte es mir angetan, da sich so zwei Fliegen mit einer Klappe schlagen ließen.

Ich buchte über Sinh Café, wobei ich den Service dieses Veranstalters kennenlernte. Die ganze Tour kostete nicht viel. Freitag und Montag hatte ich mir frei genommen, zumal jeweils ein Tag alleine für Hin- und Rückreise angesetzt war. Man kam also nachmittags an. Den Nachtzug wollte ich nicht nehmen, da ich damit schon einige Male in Europa gefahren war und meist ohnehin nicht schlafen konnte. Informationen über Sapa hatte ich ausreichend, und so freute ich mich auf ein verlängertes Wochenende und war natürlich gespannt auf die Tour.

Sapa ist eine ehemalige französische Bergstation in einem Tal an der chinesischen Grenze. Ihre hohe Lage auf 1.600 Metern beschert ein kühles Klima, welches die Franzosen zum Bau von Villen als Sommerresidenzen inspirierte. Heute zieht Sapa auch noch viele Besucher an wegen des milden Klimas, den bunten Märkten und einer Vielzahl an ethnischen Minderheiten, in den umliegenden Dörfern. Eine Reise nach Sapa wurde in den letzten Jahren immer populärer, da die Straßenverhältnisse verbessert wurden. Außerdem ist der Ort der Ausgangspunkt zur Besteigung Vietnams höchsten Berges, des Fan Si Pan.
Unsere kleine Gruppe brach also an einem Freitagmorgen mit dem Minibus Richtung Norden nach Sapa auf. Es wurde eine lange, aber interessante und abwechslungsreiche Fahrt. Die Landschaft sah immer wunderschön aus, so z.B. die unzähligen Reisfelder.

Der Service des Veranstalters war allerdings – um es klar zu sagen – mies. Die Englischkenntnisse des Guides beschränkten sich auf das Nötigste. Die Reisenden, vorwiegend Backpacker, aber auch ein japanisches Ehepaar, zeigten sich wenig amüsiert darüber. Mir persönlich war dies eigentlich egal. Ich genoss die Fahrt und konnte mir das meiste vor Ort anschauen.

Zwischendurch machten wir eine Rast zum Mittagessen, vertraten uns ein wenig die Beine und plauderten – wie üblich unter Reisenden – über dieses und jenes. Ein junger Schweizer war ebenfalls dabei, der von Laos schwärmte und sofort nach dieser Reise dorthin zurückreisen wollte.

Gegen 15 Uhr erreichten wir Lao Cai nahe der Grenze zu China. Es ist die Zugstation, an welcher Reisende aus dem Victoria Sapa Express aussteigen und von dort ein Taxi oder einen Minibus ins Gebirge nach Sapa nehmen können.

Aus unerfindlichen Gründen gab es vor der Weiterfahrt eine Stunde Auftenthalt in Lao Cai. Von unserem Reiseleiter bekamen wir keine Auskunft darüber, was sehr seltsam anmutete. Irgendwann sagte er, wir müssten warten. Nun gut, so warteten wir, tranken etwas in einem kleinen Café und wurden Zeuge, wie schnell ein Huhn zum Suppenhuhn gemacht wird. Glücklicherweise lag das Mittagessen schon ein paar Stunden zurück, denn der Anblick baute nicht gerade auf.

Schließlich ging es weiter. Die Straßenverhältnisse wurden schlechter, es gab viele Erdlöcher und der Fahrer des Busses musste Schwerstarbeit leisten.

In Sapa angekommen, teilte uns der Reiseleiter vor der Pension mit, er würde uns dann am nächsten Tag um acht Uhr zum Trekking treffen. So wurden wir quasi alleine gelassen. Das Dumme war, dass der Veranstalter offensichtlich nicht genügend Zimmer für alle Reisenden gebucht hatte. Das Guesthouse versuchte uns in einem benachbarten Haus unterzubringen, welches mir nach einem Privathaus aussah, denn bevor ich das Zimmer bezog, wurden erstmal Kleider aus dem Zimmer geräumt. Hallo! Also von der Unterbringung war dies noch schlechter und es sah aus wie Quasimodos Unterkunft. Wer ein besseres Zimmer wollte, zahlte pro Nacht ca. 10 US Dollar mehr – die Freude war dementsprechend groß.

Mir wurde ein Zimmer mit schummrigem Licht zugewiesen, in welches noch nie die Sonne geschienen hatte, da fensterlos. Das Badezimmer wirkte ebenfalls stark heruntergekommen. Meine Laune war dementsprechend übel. Der Reiseleiter hatte sich einfach aus dem Staub gemacht und uns allein gelassen. Unfassbar! Jedenfalls versuchte ich trotz allem, das Beste daraus zu machen und schlenderte erstmal durch den kleinen Ort, bevor ich mich mit einem jungen Paar in einem verhältnismäßig doch netten Restaurant zum Abendessen traf. Wenigstens war es etwas kühler als in Hanoi. Ich zündete mir eine Zigarette an, und genoss die ruhige Atmosphäre in den frühen Abendstunden. Da wir alle recht müde waren, blieben wir nicht allzu lange aus.

Am nächsten Morgen in Sapa nahm ich ein kurzes Frühstück aus Baguette und Rührei zu mir, bevor wir uns zu unserer kleinen Wanderung, bzw. Spaziergang in die nahe Umgebung trafen. Ich war auch noch ein wenig säuerlich wegen der Guesthouse-Geschichte, aber da die anderen Reisenden schon ihren Unmut geäußert hatten, verzichtete ich darauf weiterzubohren.

Die Gegend lässt sich am besten beim Trekking zu den Dörfern der Bergvölker, so z.B. Cat Cat, Ta Van und Cau May, erkunden.

Cat Cat ist das Zuhause der H'mong, die vor über 300 Jahren aus China einwanderten. Sie sind an ihren dunklen Kleidern leicht erkennbar. Die Frauen tragen ihr Haar zusammengerollt wie einen Turban und sind gegürtet, während die Männer eine schwarze Mütze und lange, leichte Hosen tragen.

In Ta Van leben die Zay. Sie haben gute Kenntnisse hinsichtlich des Reisanbaus sowie im Vergleich zu den H'mong einen höheren Lebensstandard.

Beim Spaziergang durch die Dörfer in den Tälern erblickt man immer wieder einige Leute der örtlichen Bevölkerung auf ihrem Weg von und nach Sapa. Die ethnischen Minderheiten, darunter auch Red Zao, H'mong und Tay, halten ihre Waren auf dem Markt in Sapa feil.

In Sapa sind die Unterkünfte bis auf das Victoria Sapa Hotel einfach. Das Wetter war angenehm mit rund 15-20 Grad Celsius. Es gefiel mir, über einige Hängebrücken zu marschieren und die ethnischen Minderheiten in ihren jeweiligen Kleidern auf dem Wege zu sehen.

Ich hatte mir ein Programm bis zum Mittagessen vorgestellt, wurde aber nach höchstens eineinhalb Stunden eines Besseren belehrt. Wir gelangten wieder zu unserem Ausgangspunkt, wo unser Reiseleiter uns noch einen schönen Tag wünschte; am nächsten Morgen würden wir gegen neun Uhr nach Bac Ha weiterfahren. Na schön, was sollte man machen. Da es noch am Morgen war, beschloss ich auf eigene Faust aktiv zu werden und mein eigenes Programm zu gestalten.

Der Morgen ist eine gute Zeit zum Wandern, da noch nicht allzu viele Leute unterwegs sind. Es bietet sich z. B. der Berg Ham Rong an, mit seinem wunderschönen Ausblick auf Sapa und Umgebung.

Nach dem Abstieg fahre man z.B. mit einem Motorrad außerhalb der Stadt oder laufe nach Ta Phin, gelegen in einem weiten Tal inmitten von Reisefeldern. Ta Phin ist ein Dorf der Dao (sprich: Zao). Dao-Frauen rasieren Haar und Augenbrauen und tragen einen langen, roten Turban, oftmals mit Juwelen und alten Münzen besetzt.

Hier hat man die Gelegenheit, ein Haus der Dao zu besuchen, um zu verstehen, wie diese Leute leben. Ferner besteht auch immer Gelegenheit, mit dem Motorrad durch die herrliche Berglandschaft zu fahren und einige nahe Wasserfälle zu erkunden. Dies habe ich dann auch gemacht.

Als ich von meiner kleinen Tour zurückkehrte, traf ich den Schweizer wieder. Bei einem gemeinsamen Mittagessen unterhielten wir uns über das Preis-/Leistungsverhältnis bei der Tour. Da wir alle nicht zu viel bezahlt hatten, war es zu verschmerzen, allerdings wurde uns fast gar nichts geboten, worin eigentlich eine Zusicherung der gebuchten Reise bestand.

Ich jedenfalls mietete mir einen Motorradguide, mit dem ich bei herrlichem Wetter für knapp zwei Stunden durch die Berge fuhr. Dabei schoss ich unzählige Fotos, und meine Laune besserte sich allmählich. Vergleiche mit den Bergen in Nepal wären unfair, doch die Berge in Vietnams Norden sahen auch malerisch aus. Leider verdeckten Wolken den Blick auf den Gipfel des Fan Si Pan, Vietnams höchsten Berg, was aber dem Ganzen keinen Abbruch tat.

In Sapa zurück checkte ich meine Mails in einem Internet-Café, ehe ich einen kleinen Spaziergang durch den Ort unternahm. Viele Mädchen der Hmong sprachen mich an, doch etwas von dem Schmuck zu kaufen. Wenn man zum zehnten Mal immer die gleichen Sätze hört, wie „Wie heißt Du, woher kommst Du her“ und dann geht's zum Geschäft, „Willst Du das kaufen?“, dann nervt es irgendwann – besonders dann, wenn bei Nichtkauf auch noch gefragt wird, warum man das denn nicht tue, sich also auch noch rechtfertigen soll. Ich flüchtete in mein Guesthouse zu einem Nickerchen und ging abends mit ein paar Leuten meiner Reisegruppe essen.

Ich war nicht gerade traurig, am nächsten Tag Sapa zu verlassen, denn ich freute mich auf etwas weniger Touristen und weniger aufdringliche Verkäufer. So fuhren wir knapp zwei bis drei Stunden durch die Berge, sahen viele Arbeiter bei der Straßenausbesserung, bis nach einigen Serpentinen Bac Ha erreicht war. Der Ort ist das Zuhause der Hmong, und ein Besuch des Sonntagsmarktes ist ein Muss.

Die farbenprächtig gekleideten Hmong kommen von weit entfernten Dörfern, um ihre Waren auf dem Markt feilzubieten, u.a. Katzen, Hunde, Schweine, lokale Farmerzeugnisse und einheimische Kleider (Tho Cam). Die lokale Bevölkerung, besonders junge Männer und Frauen, tragen ihren Sonntagsstaat, um sich miteinander zu treffen. Der Markt bietet eine gute Gelegenheit für alle Fotografen, da die Auswahl an Motiven fast unerschöpflich scheint.

Das Guesthouse war zwar ebenfalls schlicht, aber in Ordnung, immerhin befanden wir uns hier in einem touristisch weitgehend unerschlossenen Ort in den Bergen.

Offensichtlich hatte ich am Abend zuvor etwas Falsches gegessen oder getrunken, denn mein Bauch spielte verrückt. Ich fühlte mich dementsprechend schwach, weshalb ich nach der Ankunft in der Pension erstmal das Badezimmer aufsuchte. Dies passierte immer mal wieder von Zeit zu Zeit; egal, wie sehr man acht gab, ganz gefeit war man nie. Zur Not hatte ich einige Imodium-Akut-Tabletten dabei, denn ich wusste, es würde wieder einige Tage dauern, bis die Sache ausgestanden war.

Wir machten einen schönen Spaziergang, vorbei an Reisfeldern, wo einige Familien mit dem Wasserbüffel die Felder pflügten. Wir hatten einen gemütlichen Nachmittag für uns. Der Rundgang dauerte nicht allzu lange; danach konnten wir irgendwo im Ort etwas essen gehen. Ganz ehrlich, Bac Ha ist um einiges attraktiver als Sapa, da sich hier weit weniger Touristen tummeln und man nicht die ganze Zeit von Verkäufern umworben wird. Mich sprach in Bac Ha niemand an, was ich um einiges angenehmer fand. Sa Pa besticht natürlich wegen des milden Klimas und der Bergvölker, zudem als bester Ausgangspunkt zur Besteigung des Fan Si Pan. Ansonsten kann man es in Bac Ha jedoch gut und gerne ebenfalls einige Tage aushalten. Die Unterkünfte fallen auch hier schlicht aus, aber die Landschaft ringsherum ist einfach wunderschön mit Bergen und Reisfeldern.

Am letzten Tag, ging´s nach dem Frühstück zurück nach Hanoi. Die Fahrt dauerte wie die Hinfahrt ca. acht bis zehn Stunden; alle waren froh, als wir uns wieder zurück in der Hauptstadt ausruhen konnten.

Cuc Phuong

Ein weiterer zweitägiger Wochenendtrip führte mich in den Cuc-Phuong-Nationalpark. Ich klapperte eine Reihe von Reiseveranstalter ab, wobei immer die gleiche Antwort kam: Ich könne eine Privatreise dorthin buchen, denn Gruppenreisen gebe es nicht. Offensichtlich war der Park nicht Ziel des Massentourismus, denn die meisten Touristen, das Standardprogramm von drei Wochen für Vietnam im Auge, entschieden sich wohl für Sapa, die Halong Bucht oder die Parfümpagode, ohne weitere Ausflüge. Ich wollte jedoch nicht 100 US-Dollar für einen Kurzausflug ausgeben.

Glücklicherweise traf ich einen freischaffenden Reiseleiter, der mir eine Motorradreise über Ninh Binh in den Park anbot, Übernachtung in einem einfachen Guesthouse im Park, für ca. 40 US Dollar – das war doch ein Wort, dachte ich.

Die Übernachtung geht auch etwas exklusiver in einem eigenen kleinen Haus mit Terrasse, was auch nicht die Welt kostet. Neben den Guesthouses befindet sich ein ziemlich naturbelassener Swimmingpool, aber das Ganze ist ziemlich biotopisch.

Der Cuc-Phuong-Nationalpark gehört zum Besten, was Vietnam zu bieten hat, ist allerdings wenig bekannt. Er ist der älteste Nationalpark des Landes und eine der wenigen Regionen mit ursprünglichem Regenwald.

Mit dem Fahrrad oder dem Motorrad fährt man ins Parkinnere durch den dichten Regenwald; im Herzen des Parks bestaunt man eine handvoll Urwaldriesen. Ich war überwältigt von der vielfältigen Pflanzen- und Tierwelt. Das Klima war trotz Luftfeuchtigkeit angenehm kühl, zudem tummelten sich hier nur wenige Touristen. Dazu die üppige Pflanzenwelt im Park, herrlich. In der Parkmitte lädt neben den Gästehäusern ein einziges Restaurant mit lokalen Spezialitäten zur Einkehr.

Neben dem Regenwald mit seinen riesigen Bäumen mag man im Endagered Primate Rescue Center 15 verschiedene Affenspezies beobachten, darunter den Cuc Phuong Langur und den gelbbackigen Gibbon. Die Affen werden von einem deutschen Forscherteam mit großem Erfolg nachgezüchtet, was sie vielleicht doch noch vor dem Aussterben bewahrt.

Bei meinem Ausflug Anfang August überraschte mich die angenehme Kühle im Park, da die Temperaturen im Sommer sonst nicht auszuhalten sind. Der dichte Regenwald blockt die Hitze zum Glück ab. Durch den geringen Bekanntheitsgrad ist der Nationalpark auch nicht überlaufen. Man kann sehr gut Trekken, und mit ein wenig Glück sieht man das eine oder andere Tier. Ich denke, viele Touristen schreckt das Vorkommen einiger wilder Tiere (Tiger, Schlangen …) im Park ab. Ich habe selber jedoch keine gesehen, da die meisten Tiere nachtaktiv sind.

Nur wenige Veranstalter haben den Nationalpark Cuc Phuong im Programm, doch läßt sich auf Anfrage privat eine Reise buchen (je mehr Mitreisende, desto billiger). Alternativ nehme man sich einen privaten Reiseleiter oder fahre von Ninh Binh mit dem Motorrad dorthin, so wie ich es getan hatte.

Tam Dao

Bei Tinh, meinem Bekannten, der mich zum Cuc-Phuong-Nationalpark begleitet hatte, erkundigte ich mich nach weiteren Tagesausflügen in der Gegend um Hanoi. Er schlug Tam Dao vor; Tam bedeutet 3 und Dao Berge, also 3 Berge. Von dem Ort hatte ich noch nie gehört, weshalb ich mich erstmal in diversen Reisebüchern einlas.

Schließlich unternahm ich kurzerhand eine Tagestour mit diesem Guide dorthin. Die Fahrt mit dem Motorrad dauerte nur knapp zwei Stunden. Allein die Anfahrt auf die Berge ist schön, nicht nur wegen des Panoramas, sondern auch wegen der angenehmen Kühle. Allerdings habe ich mir beim Absteigen vom Motorrad mein Bein am Kühler verbrannt und danach erstmal alle möglichen Flüche ausgestoßen. Schuld war eine Passantin, die mit Sack und Pack ausgerechnet in dem Augenblick so nah wie möglich an mir vorbeilief, als ich absteigen wollte. Da das Motorrad auf uns beide zu kippen drohte, kam ich leider mit dem Kühler in Berührung, unschöne Sache, aber kein Andenken auf Lebenszeit.

Tam Dao bietet ein paar Hotels und Pensionen. Es ist Ausgangspunkt zu Wanderungen in die Berge oder zum Suoi-Bac-Wasserfall (besonders für vietnamesische Touristen einer der Hauptanziehungspunkte des Ortes).

Tam Dao haben nur wenige Touranbieter im Programm, aber es kann auf Anfrage gebucht werden (meist als Privatreise). Genügend freischaffende Reiseleiter in Hanoi begleiten einen gerne für einen Tag dorthin, was auch nicht mehr als 25 oder 30 US-Dollar kostet. Der Preis ist auch hier Verhandlungssache.

Es war ein besonderer Tagesausflug von Hanoi. Im Sommer kann es in der Stadt verdammt heiß werden; wer sich nach kühlerem Klima sehnt, der ziehe Tam Dao in Betracht. Der Ort liegt nur ca. 90 Kilometer nordwestlich von Hanoi auf einem Plateau der Tam-Dao-Berge. Er wird oftmals als Dalat des Nordens bezeichnet, und ist mittlerweile beliebtes Ziel für Vietnamesen und ausländische Touristen.

Der Ort, ab 1902 als Kurort für die Franzosen errichtet, erfreute sich dank milder Temperaturen großer Beliebtheit. Sie liegen das ganze Jahr über etwas niedriger als in der Ebene, im Sommer eine willkommene Abwechslung.

Das Tam-Dao-Plateau besteht aus den drei Bergen Thien Thi, Thach Ban und Phu Ngia, alle so um die 1350 bis 1400 Meter hoch.

Dreiländertour durch Laos, Kambodscha und Vietnam

Vorwort zu Laos und Kambodscha

Mir gefiel das Leben in Hanoi, die umtriebigen Händler, es war hochinteressant, allerdings mit der Zeit auch recht anstrengend. Einige andere Ausländer, die genau wie ich in Hanoi wohnten, rieten mir, bei Gelegenheit einen Abstecher nach Laos oder auch Kambodscha zu unternehmen. Kien, mein Chef, bewilligte mir ca. 20 Tage Urlaub, der mir zu einem kompletten Bild von Vietnam verhelfen würde – schließlich wollte ich nicht nur Hanoi und Umgebung sehen, sondern auch das Land bereisen, den Süden und Hoi An und Hue besichtigen.

Ich hatte mir schon eine schöne Reiseroute überlegt, die mich nach Laos, durch Kambodscha und schließlich Vietnam vom Süden zurück nach Hanoi (mit offenem Busticket) führen sollte, also eine Dreiländertour.

Aiden meinte, Vientiane sei trotz Hauptstadtstatuts ein Dorf mit ruhigem Leben. Ich hatte auch schon mit vielen Backpackern beim Frühstück oder im Hotel gesprochen, die alle nur Gutes berichteten. Touristisch noch nicht sonderlich erschlossen, und in 24 Stunden mit dem Bus erreichbar. Allerdings kamen mir auch einige Schauergeschichten zum Grenzübertritt zu Ohren. Da ich auf eine Bustagesreise wenig Lust verspürte, buchte ich kurzerhand einen Flug mit Lao Airlines von Hanoi nach Vientiane Anfang August.

Für Laos waren knapp zehn Tage eingeplant, während ich Kambodscha nur streifen wollte. Auf dem Programm standen die wichtigsten Sehenswürdigkeiten im Süden und dann die Weiterreise zu den Hauptanziehungspunkten Zentralvietnams.

Laos

Überwältigende Schönheit

Kolonisation und Besetzung prägen Laos' Geschichte. Einer der ersten Eroberer war das mächtige Khmerreich. Die „Lan Xang"-Nation, das Land der Millionen Elefanten, wurde mit Luang Prabang als Hauptstadt geboren. Die Khmer unterwarfen sich Thailand. Lan Xang wurde in Laos umbenannt und Teil des französischen Indochina. 1953 erhielt Laos seine Unabhängigkeit, obgleich viele Nationalisten nicht davon überzeugt waren, dass eine Regierung mit einer konstitutionellen Monarchie die Lösung sei. Nachdem Frankreich Vietnam im Jahr 1954 geräumt hatte, wurde Laos in den Konflikt mit Vietnam hineingezogen. 1975 fielen Saigon und Phnom Penh; kurz danach folgte auch Vientiane, als die Laos-Bevölkerung mit geringem Widerstand die Demokratische Republik gründete.

Laos ist ein kaum erforschter Binnenstaat von überwältigender Schönheit und starker spiritueller Tradition. Ungefähr so groß wie Großbritannien, zählt Laos weniger als sechs Millionen Einwohner, was es zu einem der am wenigsten bevölkerten Länder der Erde macht. Der größte Teil des Landes besteht aus eindrucksvollen Gebirgszügen, Tälern, Schluchten und üppigem Regenwald. Laos' Hauptanziehungskraft liegt in der großen Vielfältigkeit der Natur.

Im Flieger war ich überglücklich, nach Laos zu reisen und mal eine kleine Pause von der Hektik Vietnams zu haben. Einen Reiseführer besaß ich nicht, denn ich wollte mich einfach überraschen lassen. Die bedeutendsten Orte kannte ich über meinen Reiseveranstalter. Ich hatte lediglich einen Abstecher nach Vientiane, Vang Vieng und natürlich Luang Prabang vor.

Vientiane

Die Erholung begann mit der freundlichen Begrüßung am Zoll – nachdem ich nach meiner Herkunft gefragt und Fußball genannt wurde. Klar, Germans are popular for football. Das Visum bekam ich gleich am Flughafen für 30 US-Dollar, wo auch ein Lichtbild gemacht wurde. Ich wechselte Geld, und da 5000 Lao Kip damals die größten Scheine darstellten, hatte ich Mühe, alles Geld in mein Portemonnaie zu stecken

Mit einem Mitreisenden aus dem Flugzeug nahm ich ein Taxi in die Stadtmitte und dabei die neuen Eindrücke des Landes auf: Ruhe, Gelassenheit, kein Stress, keine Hektik. Ich fühlte mich wie in einem großen Dorf, aber sicher nicht wie in einer Stadt, konnte kaum glauben, dass ich in der Hauptstadt Laos sein sollte.

Ich bezog ein Zimmer in einem Guesthouse nahe des Brunnens, also nahe des Mekongs. Der Urlaubseffekt stellte sich bei mir rasch ein nach der Hektik Vietnams; ich war unwahrscheinlich froh, in Laos zu sein. Heiß war es hier auch, und wie, aber ich fühlte mich einfach hervorragend.

Nach dem Einchecken nahm ich erstmal eine Dusche. Danach spazierte ich los. Das Wetter sah ziemlich unheilvoll aus, klar es war August und Regenzeit, aber noch hielt es. Es war nachmittags halb vier, sicher nicht viel später, als Blitze am Himmel zuckten und es anfing zu donnern; der Himmel zog sich zusammen. Ich flüchtete in ein kleines Restaurant bzw. Café in einer Seitenstraße nahe des Mekongs, wo ich eine Pepsi, wie sie in Asien vermehrt getrunken wird, bestellte sowie ein Reisgericht mit Gemüse, Garnelen und Chilischoten.

Der nette, junge Laote, der dort arbeitete, setzte sich zu mir und bediente mich freundlich. Ich war überwältigt. Nicht nur, dass ich der einzige Gast war, nein es war einfach eine ungezwungene Atmosphäre – er war nicht dazu da, um Geld zu machen, sondern zeigte ehrliches Interesse an mir als Ausländer. Eine Laotin, auch dort bewirtend, lächelte uns an.

Dann ging der Sturm richtig los, Äste flogen durch die Luft, der Donner grollte und Blitze zuckten umher. In der plötzlichen Dunkelheit stellte der Kellner Kerzen auf. Die Atmosphäre hatte schon etwas: Eine der nettesten Unterhaltungen meines Lebens mit diesem Laoten, ein selten so stark gesehenes Unwetter, noch dazu ein richtig leckeres Essen, ein Blick auf die Straße genügte, um den Sturm zu sehen, ziemliche Aufregung und mein erster Tag in Laos.

Der Kellner fragte mich nach meinen Reisezielen. Nach zwei Tagen wollte ich nach Vang Vieng fahren, die Gegend, aus welcher der Laote stammte und wo auch seine Familie noch wohnte.

Ich musste leider irgendwann weiter, konnte nicht ewig im Restaurant bleiben, obwohl es mir dort gut gefiel. Hier mahlten die Mühlen anders; mir gefielen die Ruhe und Gelassenheit, keine Eile. Ich bedankte mich für das gute Essen und die wirklich nette, freundliche Unterhaltung und versicherte ihm, ich würde auf alle Fälle wiederkommen.

Langsam war es auch schon Abend, so dass ich zu meinem Guesthouse zurückschlenderte. Vorher kaufte ich mir allerdings noch ein paar Postkarten und Briefmarken an einem nahegelegenen Einkaufsladen, denn schließlich wollten meine Verwandten auch eine Postkarte aus Laos erhalten.

Zurück in meinem Guesthouse stieg ich noch auf die Dachterrasse und genoss die Atmosphäre. Laos versprach interessant und aufregend zu werden. Ich freute mich auf meinen Urlaub, der ja eben erst angefangen hatte. Zurück in meinem Zimmer fiel ich todmüde ins Bett.

Am nächsten Morgen wachte ich ausgeruht auf. Ein sonniger Morgen begrüßte mich. Vom Sturm des Vortages war abgesehen von einigen Ästen und verwehtem Papier auf den Straßen nichts mehr zu bemerken. Draußen fand ich eine skandinavische Bäckerei; jedenfalls waren die Räume klimatisiert, und es gab alles, was das Herz begehrte: Croissants, Brezeln, Kaffee, etc. Bei Schokocroissant und Eisschokolade las ich die örtliche Vientiane Times. Diese Bäckerei, lag zentral an der Hauptstraße gegenüber dem „Beer Lao Pub" im Herzen der Stadt. Vielleicht waren die Besitzer aus Skandinavien, oder es verkaufte sich einfach besser, wer weiß. Jedenfalls ließ ich es mir schmecken.

Nach dem Frühstück unternahm ich in einem Tuk Tuk, eins dieser motorbetriebenen offenen Taxis, eine Besichtigungstour zum That Luang Stupa, dem Nationaldenkmal Laos (goldener Schrein), fuhr durch den Triumphbogen, eine getreue Nachbildung des Bogens in Paris, und besichtigte ferner die Tempel Vat Sisaket und Vat Phrakeo in Vientiane. Laos gehörte ja wie Vietnam auch zu Indochina, so dass die Franzosen auch hier ihren Einfluss hinterließen.

Nach knapp einer Stunde und einem Foto des Tuk Tuk und des Fahrers setzte ich mich am Mekong in ein kleines Restaurant, orderte einen Kaffee und etwas zu essen und schrieb meine Postkarten bei herrlichem Sonnenschein. Der Mekong strömte ganz gemächlich durch die Stadt. So ruhig wie der Fluss war auch das Leben in Vientiane. Bei einem Kokosnuss-Milchshake ließ ich die Seele baumeln, las einen Artikel über Vang Vieng und Luang Prabang und genoss das Sonnenbaden.

Morgen wollte ich meine Tour fortsetzen Richtung Vang Vieng. So schön Vientiane war, konnte ich natürlich nicht zu lange dort bleiben, wenn ich im Zeitplan bleiben wollte. So buchte ich nach einer Weile bei einer Reiseagentur das Busticket für ein paar US-Dollar. In einem Biergarten lernte ich ein paar Rucksacktouristen kennen; man tauschte sich aus. Es war hier genauso heiß wie in Vietnam und am Nachmittag stand mir der Sinn nach Siesta in meiner Pension (Phousaly Guesthouse).

Vang Vieng

Die Fahrt nach Vang Vieng dauerte nur drei Stunden, mit kurzer Rast in einem kleinen Restaurant. Die Landschaft sah wunderschön aus. Selten hatte ich so viel üppige Natur gesehen wie in Laos; Regenwälder, kleine Flüsse und Bäche machten das Land grün.

Gegen Mittag erreichten wir langsam den kleinen Ort Vang Vieng inmitten einer bezaubernden Landschaft, ringsherum Berge, Reisfelder und kleine Bachläufe, paradiesisch.

Ein Zimmer im nächstbesten Guesthouse kostete mich knapp drei oder vier US-Dollar die Nacht. Natürlich war die Ausstattung schlicht, aber mehr brauchte man auch nicht. Es hing ein Moskitonetz herum, das man wohl in dieser ländlichen Gegend benutzen sollte, um nicht zu sehr zerstochen zu werden (zumindest nachts).

Überall im Ort entdeckte ich kleine Restaurants mit Polstern, in welchen man liegend entspannen konnte; alle boten Pizza und Spagetti an. An jeder Ecke lief die Serie „Friends“, und Internet gab es auch. Kurzum, Vang Vieng war das Backpackerparadies schlechthin und ein toller Tipp für Rucksackreisende, die sich hier gut und gerne eine Woche aufhalten mochten.

Auf gemieteten Fahrrädern ließ sich die nahe Umgebung erkunden. Andere Urlauber schwammen auf einigen Reifen auf dem kleinen Fluss, bei einer Tiefe von maximal einem Meter ein völlig ungefährliches Vergnügen und bei den vorherrschenden Temperaturen eine willkommene Abkühlung. Überall entlang des Flusses boten Verkäufer Getränke an. Einige kleine Höhlen luden zur Besichtigung ein; außerdem konnte man sich an einem Seil von einem Felsen in den Fluss schwingen. Kein Wunder, dass der Ort so beliebt und voller Touristen war!

Mittags schlenderte ich zu einigen Restaurants, mit dem Wunsch nach einer Pizza. Ganz ungewohnt wurde man im Gegensatz zu Vietnam nicht ins Lokal gezerrt; niemand fragte einen, ob man etwas essen wolle. Ich setzte mich in einer Gaststätte auf ein gepolstertes Sofa, doch erschien selbst nach einigem Warten niemand. So begab ich mich in die Küche, wo ich endlich die Köchin fand, wo ich meine Wünsche loswerden konnte. Dies gefiel mir viel besser als die Behandlung in vietnamesischen Restaurants.

Ein Engländer erschien, gerade auf Welttour, der ein Bier nach dem anderen orderte und Kette rauchte. Tim, Mitte 40, gut drauf und erzählte so einige Anekdoten seiner langen Reise. Er hatte dieses Restaurant ebenfalls wegen der etwas abseitigen Lage gewählt, da dort nicht alle Backpacker saßen und er seine Ruhe hatte.

Trotz des frühen Nachmittags becherte der gute Mann ordentlich. Die Pizza war übrigens ausgezeichnet. Ich genoss die lockere, entspannte Atmosphäre bei Bob Marleys Klängen und dem Summen der Ventilatoren über mir; mit Sprite und Cola war ich bestens bedient. So entspannte ich den halben Nachmittag, bis ich nach dem Good Bye ein wenig durch den Ort schlenderte. Manchmal traf man nette Reisende wie Tim, ich meine wirklich nette – vielen Reisende, die ich traf oder von denen mir andere erzählten, wollte man eher nicht begegnen. Manche benahmen sich im Urlaub auf eine Weise, die sie sich zu Hause nie erlauben würden.

Meine Emails zu lesen hatte ich im Urlaub keine Lust, weshalb ich einen Bogen um das Internet-Café machte. Stattdessen kehrte ich langsam zum Guesthouse zurück, zu einer langen Siesta. Ich sollte in den kommenden Jahren noch einige Male nach Vang Vieng kommen, doch dieses Mal blieb ich nur eine Nacht, da es mich weiter nach Luang Prabang trieb.

Luang Prabang

Am nächsten Morgen traf ich eine nette Kanadierin, Christine W., wie ich ebenfalls nach Luang Prabang unterwegs (im selben Bus). Wir merkten sofort, dass die Chemie stimmte, denn wir verstanden uns prächtig.

Christine war schon weit gereist, hatte vor ein paar Jahren eine Reise durch Europa und durch Australien unternommen, und wollte dieses Jahr die Länder Asiens bereisen; Laos, Kambodscha, Indien und Nepal. Wir unterhielten uns blendend, und da ich selbst ein Jahr zuvor als Rucksacktourist in Nepal unterwegs war, gab ich ihr ein paar Tipps mit auf den Weg.

Ungefähr sieben bis acht Stunden dauerte die Fahrt im bis auf den letzten Platz gefüllten Minibus. Er brauste durch die Ort- und Landschaften Laos', vorbei an Teichen, winkenden Kindern, Arbeitern auf Reisfeldern … Natur und Landschaft wirkten immer interessant, einzigartig, wunderschön. Die Fahrt machte allerdings schläfrig, so dass jeder Reisende kurz mal eindöste, bevor wir gegen Mittag an einem Restaurant am Wege rasteten mit der Standardmahlzeit aus Reis mit Gemüse, dazu Cola, Sprite oder Wasser. Die Stimmung war gut und jeder froh, endlich einmal seine Beine etwas ausstrecken zu können, denn immerhin hatten wir noch eine Strecke vor uns. Ich kaufte mir noch einige Cracker als Stärkung, bevor sich der Minibus schon wieder in Bewegung setzte.

Zwischendurch hielt der Bus zu einer kleinen Rast inmitten der Natur. Einige Kinder ethnischer Minderheiten winkten uns zu.

Schließlich erreichten wir nach weiteren zwei Stunden endlich Luang Prabang am Mekong inmitten des Dschungels. Die Unesco ernannte die Stadt aus gutem Grund zum Weltkulturerbe, denn alleine die Anfahrt war schon atemberaubend.

Christine und ich nahmen uns Zimmer in einem Guesthouse am Mekong, von dem uns nur die Straße trennte. Wir zahlten gerade mal vier oder fünf US-Dollar pro Nacht für ein Zimmer mit Dusche und WC. Nach einer Dusche trafen wir uns spätnachmittags in einem kleinen Außenrestaurant mit Blick auf den Fluss. Ich war froh, eine so nette Reisende getroffen zu haben. Mit ein paar Kokosnussshakes stießen wir auf die lange Fahrt an, wie auch auf die Ankunft (endlich!) in Luang Prabang.

Ich hatte selten so eine Stadt gesehen; Schönheit und Ruhe überwältigten mich. Wenn ich „Stadt" schreibe, meine ich eher ein großes Dorf, denn es war natürlich alles übersichtlich und klein.

Wir machten unzählige Fotos von uns, dem Mekong, dem Dschungel, der langsam untergehenden Sonne über dem Fluss und dem Straßenleben. Unsere Bedienung begrüßte uns mit einem bezaubernden Lächeln, und wir genossen einfach die Atmosphäre.

Christine hörte genau wie ich gerne Shania Twain. Wir sprachen davon, was sie denn in einer Karaoke Bar singen würde; also Madonna sicher nicht. Nickelback fand sie auch in Ordnung. Kaum nach unserer Ankunft waren wir schon entspannt und gelöst.

Christine würde vier oder fünf Tage dort bleiben. Nach Luang Prabang plante sie die Rückfahrt nach Vientiane, von wo sie mit dem Bus in den Süden von Laos zu den viertausend Inseln südlich von Pakse reisen wollte. Außerdem stand noch Savanaket auf ihrer Planung, doch die Ebene der Tonkrüge schaffte sie genau wie ich aus Zeitgründen leider nicht mehr. Wie auch immer, wir beide lagen auf der gleichen Wellenlänge. Sie war froh, einige Tage zusammen zu verbringen und so Laos zu erkunden.

Die Stimmung ließ sich kaum beschreiben, als die Sonne langsam über den Hügeln auf der anderen Seite des Mekong unterging. Der Strom glitt friedlich und ganz gemächlich daher. In der Dämmerung lockten er und die Lampen verständlicherweise viele Moskitos an, doch glücklicherweise hatten wir Mückenspray dabei. Da wir nur Shorts und T-Shirts trugen, benutzten wir eine gute Ladung davon. Luang Prabang ist nun nicht gerade ein Malariagebiet, aber sicher war sicher. Man wusste nie.

Jedenfalls bestellten wir gleich noch ein Shake und witzelten über alles Mögliche, wie zum Beispiel die Kokosnusspalmen, die über uns und um uns standen. So erzählte ich Christine, dass angeblich jedes Jahr mehr Leute durch herabfallende Kokosnüsse als durch Haiattacken sterben. So plauderten wir angeregt über Hochphilosophisches, wobei sich langsam Hunger einstellte. Wir orderten Mekong-Fisch mit Reis, Nudeln und Cola zur Abwechslung. Außerdem fanden sich auch Garnelen und Gemüse auf der Karte, was sich alles gerade mal auf knapp zwei bis drei US-Dollar belief. Das Essen war lecker, wobei sicher auch die Atmosphäre eine Rolle spielte. Überall waren kleine Laternen und Lampions aufgehängt, und die Lage am Mekong und das Zirpen im nahen Dschungel machte alles einzigartig. Wir saßen noch stundenlang dort, bis wir ins Guesthouse zurückkehrten, nachdem wir uns zuvor noch mit ein paar Flaschen Wasser eingedeckt hatten.

Wir trafen uns am nächsten Morgen ausgeruht wieder. Frühstück gab's im selben Restaurant wie gestern: belegtes Baguette, Käse, Thunfisch, Salat, Kaffee, ein guter Tagesbeginn. Anschließend spazierten wir durch den Ort, besahen den alten Königspalast. Schweißtreibend verlief der Aufstieg zum Phou-Si-Hügel, doch die Sicht entschädigte für die sportliche Betätigung, denn er beschert den besten Ausblick über die Stadt, in alle Himmelsrichtungen.

Luang Prabang ist bekannt für seine Architektur, d.h. alte französische Kolonialhäuser und glitzernde Tempeldächer. Wir besichtigten u.a. das goldene Kloster Vat Xieng Thong, dessen Ursprünge bis ins 16. Jahrhundert zurückreichen. Der Tempel gilt wegen seiner bronzefarbenen Buddhafigur als der schönste des Landes.

Ferner machten wir einen Abstecher zu den Tempeln Vat May, Vat Vixoun und Vat That Luang, wo wir unzählige Fotos schossen. Hauptstraße und Markt luden uns zum Schlendern ein.

Bei einem Saft an einem Straßencafé überlegten wir uns die nächsten Unternehmungen. Am kommenden Tag wollten wir uns zum Büro von Lao Airlines begeben, da Christine auf alle Fälle ihr Visum verlängern musste. Gut, so gingen wir in einige Läden und genossen die Atmosphäre. Es tummelten sich nicht zu viele Touristen, was vermutlich an der Regenzeit lag.

Ein freundlicher Laote fragte uns, ob wir nicht eine Bootstour mit seinem Vater zu den bekannten Höhlen von Pak Ou unternehmen wollten. Gesagt, getan – wir handelten den Preis vorher aus, d.h. zu handeln brauchten wir bei dem Preis von zehn US-Dollar für uns beide nicht. Ein preiswertes Vergnügen.

Bei sonnigem Wetter bestiegen wir das kleine Fischerboot. Der Laote war braungebrannt und arbeitete vermutlich täglich nahe des Mekongs.

Das Boot glitt vorbei an Regenwäldern und Palmen, herrlich. Wir erblickten Kinder beim Baden an den Ufern und Frauen beim Waschen. Ob es wohl Krokodile im Fluss gab, fragten wir uns, als ich kurz meine Hand ins Wasser streckte, sie aber gleich wieder herausholte. Hinterher erfuhr ich, dass nur im Unterlauf des Mekong welche vorkamen.

Nach etwa einer Stunde erreichten wir die Pak-Ou-Höhlen mit ihren vielen, verschiedenen Buddhafiguren im Inneren. Christine erwies sich als begeisterte Buddhaanhängerin, mehr als ich.

Anschließend ging´s ein Stück weiter den Fluss hinauf, bis wir schließlich auf der anderen Seite wieder an Land gingen und in einem örtlichen Lokal (auf Pfählen) unser Mittagessen einnahmen. Bei schöner Aussicht auf den Mekong speisten wir Frühlingsrollen, Klebreis, Gemüse und frischen Fisch aus dem Fluss. Unser Reiseleiter und sein Sohn rasteten auch, wobei der Vater zur Aufmunterung einen Reiswein trank, bei der Mittagshitze nicht unbedingt zu empfehlen. Für uns war Wasser das beste Mittel gegen Hitze und Austrocknung.

Nach dem Essen schlenderten wir ein wenig durch das kleine Dorf. Es schien, als stelle der Fluss die einzige Verbindung zur Außenwelt dar. Einige Stände boten Stickereien und Tongefäße an. Offensichtlich kamen hier gelegentlich noch andere Touristen vorbei, wenn auch nicht viele.

Bei der Weiterfahrt gelangten wir in einen kleinen Nebenarm des Flusses. Unser Bootsmann zeigte uns einige grandiose, fast senkrechte Felsformationen, an denen einige Sportler offenbar hinaufkletterten.

Der Mekong erreicht keine sonderliche Tiefe, sondern nur knapp 60 bis 80 cm. Sollte ein Boot also Schiffbruch erleiden, kann man vermutlich aus dem Fluss waten.

Das Manövrieren des Bootes schien nicht einfach, denn wir fuhren ein wenig Zickzack wegen der vielen Felsen und Sandbänke.

Zurück in Luang Prabang gönnten wir uns in unserem Lieblingsrestaurant ein paar frische Säfte und ließen die Seele baumeln. Anschließend bummelten wir gemütlich durch den Ort und tranken in einem alten, kolonialen Gebäude an der Hauptstraße einen Kaffee, dazu gab's für Christine Creme Caramel.

Spätvormittags holperten wir mit einem Tuktuk durch die wunderschöne Landschaft um Luang Prabang, bis nach einer guten halben Stunde der Rand des Regenwaldes erreicht war. Wir waren kräftig durchgeschüttelt, aber die Fahrt hatte dennoch großen Spaß machte.

Am Regenwald gab es einen abgegrenzten Bereich, Heimat eines Tigers und einige Bären, die man besichtigen konnte. Wir spazierten an dem kleinen Bach entlang; der Wasserfall toste immer lauter, je mehr wir uns näherten – wie im Paradies. Endlich angekommen, schossen wir unzählige Fotos, denn es war unheimlich schön und atemberaubend. Wir fühlten uns einfach gut, und das Wetter tat sein Übriges. Auf einer kleinen Plattform, in der Nähe des Wasserfalles, war die Gischt zu spüren; bei den Temperaturen ein erfrischendes Vergnügen. An der Seite konnte man auf die Höhe des Wasserfalles steigen, ein grandioser Anblick.

An dem kleinen Bach entlangspazierend gelangten wir zu einer kleinen naturbelassenen Lagune, wo einige Kinder herumplanschten. Ich machte spontan den Vorschlag, es ihnen gleichzutun, was ein einmaliges Erlebnis wäre. Christine zögerte zwar, aber ich überredete sie rasch, und so stiegen wir in den Pool. Das Wasser war ziemlich frisch, da es hier in der Nähe entsprang, aber bei 30 Grad im Schatten und der hohen Luftfeuchtigkeit genossen wir es dennoch. Die Kinder schwangen sich mit einem Seil von einem Ast wie Tarzan ins Wasser; Christine fragte mich, ob ich es nicht auch probieren wollte. Ich zögerte erst, bekam dann aber Lust darauf. Den Schwung übers Wasser hätte ich aber besser unterlassen sollen, denn dummerweise schlang sich das Seil um meinen Mittelfinger und brach diesen, wie ich später feststellte. Mehr noch, ich hatte einen tüchtigen Bluterguss unter dem Finger, und wusste nicht, wie mir geschah. Das war nun wirklich Pech – am schönsten Ort der Welt ausgerechnet das.

Nach diesem Besuch des Wasserfalles kutschierte uns der Tuktuk-Fahrer zu einem weiteren kleineren, dessen Wasser in verschiedenen Terrassen hinabfiel. Im Boot dorthin fuhren auch ein paar laotische Mädchen mit, die Christine ein wenig musterten. Sie hatten sogar bei dieser Hitze Jeans an; Christine meinte zu mir, jedem das seine.

Zu unserem Erstaunen führte dieser Stufenwasserfall kein Wasser, wozu es wohl eindeutig zu heiß war. Der Ort war dennoch schön.

Nach der Rückkehr suchte ich sofort einen Arzt auf, der mir Antibiotika und Salben verpaßte. Ein Röntgenbild konnte leider nicht gemacht werden, so dass ich über das Ereignis im Unklaren blieb. Der Bluterguss besserte sich zum Glück rasch und heilte sogar ab, aber der Finger war krumm. Trotz seines wilden Aussehens blieb ich guter Laune und dachte, es würde schon wieder werden. Der Ausflug zu diesem Wasserfall hatte sich jedenfalls gelohnt. Ein Erlebnis der besonderen Art, trotz des Pechs mit dem Finger.

Morgens bei herrlichem Wetter ging´s zum Büro von Lao Airlines, wegen der Visumsverlängerung von Christine. Wir hielten uns nun schon knapp fünf Tage in Luang Prabang auf, nicht merkend, wie die Zeit verflog. Es gefiel uns einfach zu gut hier, so dass keiner von uns den Ort schon verlassen wollte. Die Erteilung des Visums würde noch knapp vier Tage dauern, bedingt u.a. durch das kommende Wochenende, so dass jedenfalls kein Zeitdruck bestand. Wir freuten uns darüber, noch etwas länger bleiben zu können.

Pone, der Sohn des Bootsmannes, mit welchem wir vor einigen Tagen zu den Pak-Ou-Höhlen gefahren waren, fragte uns, ob wir eine weitere Tour machen wollten. Für ein paar Stunden, diesmal flussabwärts. Da wir ohnehin nichts vorhatten, willigten wir ein. So glitten wir ein wenig den Fluss hinab, während Luang Prabang zu unserer Linken vorbeizog. Wir erblickten ein kleines Flugzeug, vermutlich eine Cessna, dabei, sich langsam zu erheben und über dem dichten Regenwald in den Wolken zu verschwinden. Der Himmel zog sich zusammen, die Wolken sanken immer tiefer. Uns schwante schon das Kommende, schließlich war Regenzeit.

Der Bootsführer und sein kleiner Sohn holten in weiser Voraussicht die Planen ein, woraufhin wir schnell einen unplanmäßigen Halt am Ufer des Mekong einlegten. Da begann es auch schon zu gießen und zwar richtig, Vater und Sohn waren binnen einer Minute nass bis auf die Haut und wir begannen auch ein wenig zu frieren, denn schließlich hatten wir nur ein Shirt an. Die Stimmung war trotzdem gut. Ich machte ein Bild von uns beiden auf dem Boot, ich mit Dreitagebart und Christine mit ihrem Top. Wir waren schon echte Abenteurer, zumindest kamen wir uns so vor. Sie meinte später, ohne mich hätte sie diese Touren nie alleine unternommen. Tja nun, ich war auch froh, so eine nette Mitreisende zu haben.

Der Junge und der Vater hatten alle Hände voll zu tun und taten uns bei dem monsunartigen Regen wirklich leid; wir konnten nichts tun, als im Boot zu sitzen und zu warten. Der Mann meinte, wir können nicht weiterfahren, da es ununterbrochen aufs Heftigste weiterregnete. Uns war dies auch klar, ich sagte ihm das wäre wirklich kein Problem. So warteten wir gut und gerne zwanzig Minuten bis zum Nachlassen des Regens, bis wir langsam zurücktuckerten.

Allerdings legten wir unterwegs noch einen Zwischenstopp in einem Dorf auf der anderen Flussseite ein, wo Ton und Keramikartikel hergestellt wurden. In der aufkommenden Sonne konnten wir uns vor einer Hütte etwas aufwärmen. Es war interessant, das dörfliche Leben der Menschen zu beobachten. Sie winkten uns freundlich lächelnd zu.

Nach diesem Kurzbesuch fuhren wir nach Luang Prabang zurück und ließen und zur Abwechslung eine Pizza schmecken, nachdem wir zuvor uns eine warme Dusche gönnten.

Wir würden also noch ein paar Tage in Luang Prabang verweilen.

Abends besuchten wir den Nachtmarkt, welcher ab ca. 17 Uhr jeden Abend in einem abgetrennten Bereich an der Hauptstraße stattfand. Dort erstanden wir einige handgestrickte Waren und Tücher. Ich spielte mit dem Gedanken an eine Laterne, da es dort viele preiswerte gab, habe es dann aber doch gelassen – zu viel Gepäck.

Die nächsten Tage verbrachte ich mit Pone bei einer Wanderung im Dschungel.

Im Dschungel

Christine musste ein paar Tage auf ihr Visum warten. Ich überlegte mir, was ich in der Zeit machen sollte, denn so schön die Stadt war, so wollte ich nicht die ganze Zeit nur rumsitzen. Zum Glück lief mir Pone über den Weg. Er erkundigte sich, ob ich nicht Lust auf eine Zweitageswanderung durch den Dschungel mit Übernachtung in einem Dorf nahe des Dschungels hätte. Nach kurzer Überlegung willigte ich ein. Der Preis war spottbillig. Christine ermutigte mich zu dem Ausflug, denn sie hatte noch einen Roman, den sie in einem Café weiterlesen wollte.

Am nächsten Morgen traf ich also Pone und packte meinen kleinen Rucksack mit dem Nötigsten. Sein Vater brachte uns mit dem Boot knapp einen Kilometer den Mekong aufwärts, bis er uns auf der anderen Seite an einem Hügel absetzte, in der Mitte von Nirgendwo. So begannen wir unseren Treck in Sandalen durch den Regenwald. Wir hatten beide knapp fünf dringend erforderliche Flaschen Wasser dabei. Zum Glück schien die Sonne; wir hofften auf weiterhin trockenes Wetter.

Auf unserer Wanderung durch den Regenwald brachte Pone mir ein paar Brocken Laotisch bei, wobei mir die im Vergleich zum Vietnamesischen viel leichtere Aussprache auffiel. Ich versuchte „hallo" und „ wie geht es Dir" zu erlernen und zu behalten.

Nach kurzer Zeit löste sich leider der Riemen einer meiner Sandalen, das ging ja schon gut los. Pone meinte jedoch, dies sei kein Problem, denn wir kamen nach kurzer Zeit an einem kleinen Dorf einer ethnischen Minderheit vorbei. Dort bekamen wir Tee, und eine freundliche Bekannte Pones richtete kostenlos meine Sandale.

Im Ort selber ging es urtümlich zu; Hunde und Schweine liefen umher. Die Männer lebten von der Landwirtschaft, so dass sie sich tagsüber auf den Feldern oder im Wald mit einigen Wasserbüffeln aufhielten.

Die Laotin schenkte uns beiden noch ein paar Bananen als Wegzehrung. Mit der geflickten Sandale konnte es nun weitergehen.

Die Landschaft sah wunderschön aus. Zu beiden Seiten des schmalen Weges breitete sich dichter Regenwald aus, dazwischen verliefen kleine Wasserläufe.

Gegen Mittag passierten wir einen buddhistischen Schrein, in dem auch Mönche lebten. Pone ging kurz mit mir zum Gebet hin.

Er war 21 Jahre und wollte nächstes Jahr seine Freundin heiraten und ein paar Kinder bekommen. Pone war sehr freundlich, und trotz seiner geringen Englischkenntnisse verstanden wir uns prächtig. Er freute sich, als ich „sabaidee", also „hallo", auf Laotisch sagen konnte.

Bereits nach kurzer Zeit troff mein T-Shirt vor Nässe, denn ich schwitzte aus allen Poren. Die Wasserflasche stets zur Hand, trank ich genug Wasser, denn die Gefahr des Austrocknens war allgegenwärtig.

Pone zeigte mir auf einigen Bäumen ein paar Geckos und Vögel, welche man auf den ersten Blick so nicht erkannt hätte. Er liebte die Natur und ging oft wandern, doch diese Strecke war relativ neu, weshalb er sie noch nicht oft gegangen war. Ich erblickte überhaupt keine Touristen, was ein Lächeln auf mein Gesicht zauberte, und den Stolz weckte, der einzige zu sein. Ich fühlte mich eins mit der Natur und genoss das Naturerlebnis.
Vermutlich war diese Beobachtung nicht besonders falsch, denn das Land steckte damals noch in den touristischen Kinderschuhen. Sicherlich waren einige Wege und Trekkingrouten unerforscht.

Der Weg führte nun langsam bergauf, denn es galt einen kleinen Kamm zu bewältigen. Beim Rückblick auf die einmalige Landschaft vernahm ich ein sich langsam näherdes Donnern bzw. Grollen. Diesmal gab´s allerdings dann doch kein Donner sondern einfach nur sintflutartiger Regen, der sich über die ganze Landschaft ergoss, natürlich auch über uns. Pone hatte wenigstens eine Regenjacke dabei, aber ich nur mein T-Shirt. Nach ein paar Minuten troffen wir von Kopf bis Fuß, mussten aber trotzdem unseren Weg fortsetzten.

Ich lachte, Pone fragte, ob ich ok wäre, worauf ich ihm antwortete klar, ja, ich würde diesen Regen lieben. Es erinnerte mich an eine Wandertour, die ich im Jahre zuvor mit einem Bekannten in Nepal unternommen hatte. Dort hatte es ebenfalls ein paar Tage ununterbrochen geregnet. Nun war es wieder August, offensichtlich suchte ich mir immer die Regenzeit zum Trekking aus.

Als wir unter die Bäume in den Regenwald gelangten, war es schon zu spät. Auf dem Boden sitzend verzehrten wir unsere mitgebrachten Sandwiches zu Mittag. Die Stimmung konnte nicht besser sein, fernab jeder Zivilisation saß ich während des Monsuns mit Pone im Wald und vertilgte mein Sandwich. In einer solchen Situation ist alles ziemlich egal; man kann Witze über alles Mögliche machen und alles lustig finden.

Pone erzählte mir, er habe im vorigen Jahr zum ersten Mal mit ein paar Touristen aus Kanada diese Route unternommen. Die Übernachtung fand in freier Natur im Wald statt, ohne Zelte wohlgemerkt, da er die Route auch nicht gekannt hatte. Es sei stockdunkel gewesen; ich konnte es mir vorstellen.

Dennoch freute ich mich schon auf ein paar Polster, die mich am Abend erwarteten. Diese erwähnte Gruppe hätte dann doch etwas anderes erwartet, aber als ich den Dschungel sah wurde mir klar, wie schnell man die Orientierung verlieren konnte.

Pone fragte mich, ob Christine meine Freundin wäre; meine Verneinung glaubte er mir nicht so richtig. Was soll's, dachte ich, er kann denken was er will.

Nach dem Essen stapften wir weiter durch den Wald bergauf. Zwischendurch erblickten wir ein paar Kühe, Ziegen und Schweine, bis uns schließlich ein paar Arbeiter aus dem Dorf entgegenkamen, wo wir eine kurze Rast hielten. Der noch immer anhaltende Regen wollte einfach nicht aufhören. Ich fröstelte etwas und schwitzte zugleich.

Bei Erreichen des Kamms bot sich ein überwältigendes Bild auf den unberührten Regenwald. Ich sah überall nur noch grün und einige Nebelschwaden. Ich schoss ein paar Photos mit meiner Kamera, auch von Pone und mir, und trank ein paar Schlucke Wasser. Mit jedem Schritt fühlte ich mich besser, dem Ziel des Tages nähergekommen, was uns stärker machte.

Dann liefen wir den Berg hinab. Pone hatte zum Glück ein langes Messer dabei, denn unten angekommen hatten wir uns den Weg mit dem Messer zu bahnen. Überall wucherten Farne, Zweige hingen umher. Offensichtlich war hier schon lange niemand mehr vorübergegangen. Schlangen oder andere Tiere sahen wir zum Glück keine, denn diese tarnten sich vermutlich gut. Jedenfalls meinte Pone, dass es zu jedem Biss einer Giftschlange eine Pflanze gäbe, mit der man das Gift stoppen könne. Ich fand es trotzdem besser, nicht gebissen zu werden.
Wir gelangten schließlich an einen kleinen Bach, wo wir unser Gesicht mit dem klaren Wasser wuschen. Der Regen hatte kurzzeitig aufgehört. Ich benötigte dringend eine Rast, wenn auch nur eine kurze, ein wenig durchatmen nach dem langen Marsch. Es war irgendwann nachmittags. Meine Uhr hatte ich nicht mitgenommen, aber die Sonne stand schon ziemlich tief, soweit ich das sehen konnte. Pone meinte, es seien noch ungefähr zwei Stunden Marsch bis zum Ziel unserer Reise – allerdings stand uns noch ein weiterer Aufstieg bevor. Nun denn, so schnallte ich mir meinen Rucksack wieder um.

Wir liefen weiter bergauf, bis wir auf der Anhöhe ein kleines Dorf einer ethnischen Minderheit erreichten. Der Ausblick auf die nahe Umgebung raubte uns auch hier den Atem. Einige Kinder lächelten mir zu, woraufhin ich kurz winkte.

Zu Beginn unserer letzten Etappe setzte leider wieder der Regen ein, und auch meine Sandalen machten langsam nicht mehr mit. Der Riemen löste sich erneut, so dass mein Fuß nur noch umherrutschte. Ich wollte einfach ohne weiterlaufen, als Pone mir seine anbot. Zwar protestierte ich – das konnte ich nicht annehmen -, aber er sagte, es sei in Ordnung. Er bestand darauf, so dass er einfach barfuß ging, während ich seine Sandalen benutzte.

Es war nun nicht mehr allzu weit, aber eine gute Stunde benötigten wir dennoch zum Abstieg. Dann gelangten wir zu einigen Reisfeldern und dem kleinen, laotischen Dorf, in dem wir übernachten würden. Meine Beine und Füße schmerzten. Wir freuten uns beide, nun endlich am Ziel zu sein und die Beine auszustrecken; dazu waren wir müde und hungrig, aber glücklich.

Wir gingen die Außentreppe eines Pfahlhauses hinauf, wo wir auf ein paar Kissen Platz nahmen. Die Familie begrüßte uns freundlich. Sie servierte ein stärkendes Abendessen: Klebreis, Eier, Gemüse, Rindfleisch, sehr lecker, dazu Tee und lokalen Reiswein.

Nach dem Essen gab es für mich noch eine kleine Feier, d.h. ich bekam einige Glücksarmbänder angelegt, von jedem Mitglied der Familie eines, welches mir Glück bringen sollte. Ich fühlte mich wirklich geehrt und bedankte mich herzlich bei der Familie, denn dies hatte ich überhaupt nicht erwartet. Pone lächelte mir zu, ebenfalls viel Glück wünschend.

Nachdem die Kerzen gelöscht wurden (Elektrizität gab es nicht hier mitten in der Natur) verbrachten wir die Nacht in einigen Schlafkissen auf dem Vorbau außerhalb des Hauses. Trotz der Wanderung konnte ich nicht gut schlafen, immerhin waren wir im Vorbau des Pfahlhauses und hörten die Geräusche der Nacht. Es herrschte Finsternis, denn hier im Dorf zog man sich zeitig zurück. Irgendwann verspürte ich dann ein Bedürfnis; so ging ich schlaftrunken Schritt für Schritt mitten in der Nacht weiter, bis ich schließlich die Treppe nach unten fand. Außer dem Mondschein sah ich jedoch nichts.

Als ich am nächsten Tag mit dem Hahnenschrei erwachte, streckte ich erstmal alle Viere von mir. Pone und der Sohn der Familie waren auch schon wach. Ich griff nach der Wasserflasche, die mir zusammen mit einer vollen als einzige für die bevorstehende Rückwanderung geblieben waren.

Die Familie brachte uns wieder Klebreis, Eier und Gemüse zum Frühstück, dazu grünen Tee. Gegen neun Uhr brachen wir auf, bedankten uns für die freundliche Aufnahme. Ich zog ein neues Shirt an, welches allerdings auch durchnässt war, da ich die Kleider nicht in eine separate Tüte meines Rucksackes gepackt hatte. Immerhin troff es nicht so wie das T-Shirt des Vortages.

Wir gingen nicht denselben Weg zurück, doch erwies sich der neue ebenfalls als landschaftlich interessant, durch Regenwald und vorbei an Reisfeldern. Heute schien uns der Regen zu verschonen. Wir rasteten einige Male; bei einer längeren Pause an einer Lichtung verzehrten wir Klebreis und Eier, welche uns die freundliche Familie aus dem Dorf mitgegeben hatte. Ich freute mich bereits auf eine lange, heiße Dusche und eine Rasur, denn nach knapp zwei Tagen ohne war es langsam nötig.

Schließlich kamen wir an einen kleinen Wasserlauf ohne Brücke, den es zu durchqueren galt. Ich hatte ein wenig Angst wegen meiner Kamera, doch Pone nahm mich einfach Huckepack. Beim nächsten, niedrigeren Wasserlauf watete ich selbst hindurch.

Pone fragte mich, ob der Weg mir nun bekannt vorkam. Tatsächlich erkannte ich einige Merkmale wieder, denn wir liefen zwischenzeitlich auf dem Weg des Vortages, passierten das Dorf, in welchem meine Sandalen geflickt wurden. Nach einer kurzen Pause dort gelangten wir schließlich an den Mekong, wo wir auf das Boot von Pones Vater warteten. Die beiden hatten vorher schon eine bestimmte Uhrzeit zur Abholung ausgemacht, was wunderbar klappte, auch ohne Handys.

Wir waren beide froh über die Rückkehr. Pone freute sich auf eine Pepsi, klar, ich auch, und wie, hatte ich in den letzten beiden Tagen doch genug Wasser getrunken.

Abschied bei Sonnenuntergang

Als ich nach der Dschungeltour zurück in mein Guesthouse kam, stellte ich mit Erstaunen fest, dass es nun voll belegt war. Ich wusste zwar, dass es nur vier oder fünf Zimmer besaß, hatte jedoch ausdrücklich gesagt, dass ich am nächsten Tag zurückkehren würde.

Na gut, so blieb mir nichts anderes übrig als der Umzug, als ich auf dem Weg endlich Christine traf. Froh sie zu sehen, antwortete ich auf ihre Frage (ob ich eine Dusche benötigte) etwas unglücklich „ja klar", und dass ich bald zurückkäme.

Schließlich fand ich ein neues, annehmbares Guesthouse in der gleichen Straße am Mekong, wo ich erstmal wieder einen Menschen aus mir machte. Die Dusche war wirklich notwendig, ebenfalls wie Rasur und Zähneputzen. In einem trockenen T-Shirt fühlte ich mich gleich viel besser.

Nach einer Weile Suchens fand ich schließlich Christine. Sie sagte, wir sollten etwas trinken gehen. So setzten wir uns in ein kleines Restaurant am Ufer des Mekong. Ich entschuldigte mich für die kurzangebundene Antwort vorhin, aber ich war sauer wegen des Mißgeschicks mit meinem Zimmer. Nun war aber alles in Ordnung.

Sie freute sich, mich zu sehen. Inzwischen hatte sie ihr Buch beendet. Morgen bekam sie ihr Visum, und übermorgen wollte sie allmählich mal weiterzureisen. Tatsächlich hatten wir schon fast neun Tage hier verbracht; keiner von uns hätte einen so langen Aufenthalt in Luang Prabang erwartet, aber es war einfach zu schön dort.

Ich lud Christine zum Essen ein, bestellte mir natürlich den obligatorischen Kokusnussshake.

Christine meinte, sie werde mich wohl nie vergessen, auch diesen Ausflug nach Laos nicht, selbst wenn wir beide bald getrennte Wege gehen würden. Ich wäre gerne noch länger mit ihr gereist, aber wir hatten unterschiedliche Pläne und ich leider nur begrenzt Urlaub. So genossen wir einen unserer letzten Abende in Luang Prabang bei entspannter Musik im Hintergrund, den Lampions, leckerem Essen und einem erneut faszinierenden Sonnenuntergang über dem Mekong.

Christine und ich holten zusammen ihr Visum ab und buchten dann das Busticket für den folgenden Tag nach Vientiane. Ich hatte zwischenzeitlich meinen Plan einer Bootsreise dorthin aufgegeben, da kein Frachtschiff zu finden war. Die Idee gefiel mir allerdings gut, vielleicht könnte ich sie zu einem anderen Zeitpunkt verwirklichen. Ich wollte nämlich auf jeden Fall hierher zurückkehren, allerdings fragte ich mich, ob es denn wieder so sein würde wie mit Christine. Nach ein paar Jahren fand ich heraus, dass der Erfolg einer Reise stark vom Mitreisenden abhängt. Christine war meine perfekte Reisepartnerin und gute Freundin.

Spätnachmittags erreichten wir am nächsten Tag Vientiane. Nachdem wir unser Guesthouse bezogen hatten, trafen wir uns in einem Pub auf ein Glas. Sie wollte am nächsten Morgen nach Savannakhet weiterreisen, ich hingegen hatte schon meinen Flug nach Siem Reap für diesen Tag im Voraus gebucht (noch in Hanoi). Wir hatten wohl die beste Zeit unserer Reise zusammen von Vang Vieng bis Luang Prabang, doch nun hieß es langsam Abschied nehmen. Ich hätte noch länger hierbleiben können, aber meine Reise ging nun mal weiter.

Christine und ich blieben tatsächlich in Kontakt, nicht wie das bei Reisenden oftmals ist, dass man sagt, man bleibe in Kontakt, und am Ende verliert sich alles.

Zurück im Guesthouse (wir hatten getrennte Zimmer) umarmten wir uns. Einige Augenblicke schien es mir, als wolle sie mich in ihr Zimmer bitten. Ich aber kam ihr zuvor und sagte, wir hatten so schöne Erinnerungen zusammen, belassen wir es dabei und behalten diese in ihrer Schönheit.

Am nächsten Morgen musste Christine schon früh los, da der Bus nach Savanakhet zeitig abfuhr. Leider sahen wir uns nicht mehr. Ich machte mich auf den Weg zum Flughafen, wo der Abschied von diesem schönen Land mir nicht leichtfiel.

Abstecher nach Kambodscha

Zwischen Touristen und Kultur

Kambodscha war eine ganz andere Nummer als Laos, was ich bereits bei der Ankunft merkte. Die Atmosphäre war weniger gelassen und ruhig als in Laos. Ich hatte viel über Kambodscha gelesen; Sandra meinte, man solle schon aufpassen, es gebe nach wie vor sehr viele Landminen. Das Land war gerade mal ungefähr so groß wie Hessen.

Da ich das Visum für Kambodscha bereits in Hanoi erworben hatte, blieb mir die lange Warteschlange erspart. Stattdessen bekam ich ganz gemütlich meinen Stempel in den Pass.

Etliche Guesthouses warben außerhalb des Flughafens für sich, wobei mir eines besser erschien als das andere. Schließlich entschied ich mich für das Angebot des Smile Guesthouses, wohin ich ein Tuktuk nahm.

Die Landschaft auf dem Weg zum Guesthouse sah auch anders aus als in Laos. Jetzt, am frühen Nachmittag, war meine Laune rasch auf den Nullpunkt gesunken. Ich vermisste Laos, Christine, Luang Prabang, dazu die ganzen Erinnerungen – dennoch versuchte ich, das Beste daraus zu machen.

Nach dem Einchecken und einer Dusche wollte ich die berühmte Tempelstätte Angkor anschauen. Ein Tuktuk brachte mich zu dem gewaltigen Tempelbau, der größte seiner Art in Südostasien. Ich hatte nicht mit so vielen Touristen gerechnet, die um die Tempelanlage Angkor Wat spazierten; offensichtlich war dies ein Ziel des Massentourismus geworden. Nicht ohne Grund hatte ich auf dem Weg vom Flughafen in den Ort einige Fünf-Sterne-Hotels erblickt. Ich fand das Ganze irgendwie übertrieben und fehl am Platz.

Die Tempelanlage war ohne Frage beeindruckend, doch irgendwie hatte ich keine große Lust zur langen Besichtigung. So schoss ich nur ein paar Fotos. Ich interessierte mich mehr für die Natur als für irgendwelche Tempel. Außerdem blieb da noch die Sache mit meinem Finger, der langsam dringend geröntgt werden sollte, denn der Mittelfingerknochen war schief, ohne dass ich wusste, was los war.

Mir kam die Atmosphäre seit meiner Ankunft nicht besonders freundlich und angenehm vor. So beschloss ich, am nächsten Tag nach Phnom Penh mit einem Speedboot auf dem See Tonle Sap weiterzureisen. Das Ganze belief sich auf nur ein paar US-Dollar. Zurück in meiner Pension machte ich am Spätnachmittag Nägel mit Köpfen.

Im Guesthouse orderte ich ein Reisgericht mit Gemüse und Garnelen. Dort traf ich ein paar deutsche Frauen, die wie ich durch Südostasien reisten. Wir tranken ein Glas zusammen, denn ich war froh, mal einige meiner Landsleute getroffen zu haben. Danach ging ich schlafen, denn ich war nach der Reise müde und hatte keine große Lust, lange aufzubleiben.

Am nächsten Morgen ging´s mit dem Tuktuk nach dem Frühstück zum Bootssteg und dann im Speedboot über den Tonle-Sap-See, dem größten Binnensee Südostasiens. In der Regenzeit erweiterte er seine Größe ggf. auf das Fünffache, zudem durchquerte ihn der Mekong auf der langen Reise Richtung Ozean.
Das Boot, ziemlich voll mit anderen Rucksackreisenden, erreichte rasch eine hohe Geschwindigkeit. Es wurde eine schöne Fahrt bei herrlichem Wetter. An den Ufern erblickte man die örtliche Bevölkerung, darunter winkende Kinder. Kambodscha ist nach wie vor eines der ärmsten Länder der Welt, dessen Einwohner überwiegend von der Landwirtschaft leben. Ein Agrarstaat eben.

Knapp vier Stunden dauerte die Fahrt, bis am frühen Nachmittag Phnom Penh erreicht war. Einige Guesthouses warben um Kunden am Landungssteg; ich nahm eines in der Nähe eines Sees, zentral in der Innenstadt. Im hauseigenen Restaurant bestellte ich etwas zu essen und lehnte mich mit einer Zigarette zurück. Hier wollte ich auch nicht lange bleiben, sondern buchte mir für den nächsten Tag ein Busticket nach Saigon, welches mich zurück nach Vietnam bringen sollte.

Aber den Tag wollte ich auch nicht untätig verbringen, weshalb ich einen örtlichen Guide des Gästehauses fragte, ob er mich zu den wichtigsten Sehenswürdigkeiten bringen könne. Nach einem Preishandel fuhr ich mit ihm auf dem Moped durch die Stadt. Ich hatte einige Schauergeschichten gehört von Taschendiebstählen oder Rauben während der Fahrt, doch mir geschah nichts dergleichen.

Ich besichtigte den umwerfend schönen Königspalast nahe des Mekongs. Danach stand das Foltermuseum auf dem Programm, einer der schrecklichsten Orte, die ich jemals besucht hatte. Ich sah Zellen der Häftlinge, die Ende der 70er Jahre des vergangenen Jahrhunderts während der Schreckensherrschaft der roten Khmer zu Tausenden gefangengenommen, gefoltert und getötet wurden. Mir war hinterher wirklich schlecht, denn man sah auch Bilder der Häftlinge. Es herrschte eine beklemmende Atmosphäre, den Konzentrationslagern wohl in nichts nachstehend.

Schließlich brachte mich mein Reiseleiter außerhalb der Stadt zu den „Killing Fields", in welchen viele Kambodschaner massenweise von den roten Khmer getötet wurden. Danach fuhren wir noch ein wenig durch Phnom Penh, eine große Stadt, ehe es zurück zum Guesthouse ging. Dort machte ich dann am späten Nachmittag eine Siesta und ruhte mich aus – ich freute mich, nun endlich wieder nach Vietnam zu kommen.

Zurück nach Vietnam

Saigon

Saigon, wie die Stadt immer noch oft genannt wird, ist Vietnams größte Stadt mit nunmehr ca. acht Millionen Einwohnern. Es ist ein hektischer Ort voller Gegensätze: Straßenverkäufer, die Obst und Gemüse neben Boutiquen und glitzernden Bars im Westernstil feilbieten. Ist der Verkehr in Hanoi schon extrem, so übertrumpft Saigon diesen dennoch, denn unzählige Motorräder brettern hier durch die Stadt.

Saigons Geschichte blickt nur auf 300 Jahre zurück. 1859 wurde die Stadt von Franzosen besetzt und zur Hauptstadt Indochinas. Von 1956 bis zu ihrem dramatischen Niedergang im April 1975 diente sie als Hauptstadt der von Amerika unterstützten Republik Vietnam. Heute ist Ho Chi Minh Stadt das Herz vietnamesischer Betriebe und Unternehmen. Und doch bewahrt die Stadt immer noch ihre Verbindungen zur Vergangenheit, besonders in Cholon, Saigons Chinatown. Hier befinden sich Dutzende eleganter Tempel und Pagoden. Die Franzosen haben auch hier ihre Spuren an einigen kolonialen Gebäuden hinterlassen, wie zum Beispiel der Kathedrale Notre Dame und der Alten Post. Hier die wichtigsten Sehenswürdigkeiten:

- Palast der Wiedervereinigung: Eines der wichtigsten Gebäude der Stadt. Hier endete am 30. April 1975 offiziell der „Vietnamkrieg“, als Panzer Nummer 843 der nordvietnamesischen Armee durch die Tore des damaligen Wohnsitzes des Präsidenten der Vietnamesischen Republik donnerte.
- War Remnants Museum: Vorher bekannt als Museum der Amerikanischen Kriegsverbrechen, beherbergt es eine ergreifende Ausstellung über die Sinnlosigkeit des Krieges. Einige der schwarz-weiß Fotografien in der ‚Requiem'-Ausstellung sind den ausländischen und vietnamesischen Journalisten und Fotografen gewidmet, die während des Konfliktes ihr Leben verloren. Im Außenhof erblickt man Kriegsgerät wie rostende Jets, Panzer und Kanonen, von der amerikanischen Militärsmaschinerie beschlagnahmt.
- Kathedrale „Notre Dame“ und Hauptpostamt: Zwischen 1877 und 1883 gebaut, bietet die Kathedrale eines der besten Beispiele für klassische französische Kolonialarchitektur. Bemerkenswerterweise wurde jeder Stein von Frankreich nach Vietnam geschifft. Ihre beiden 40 m hohen Türme mit eisernen Spitzen dominieren die Stadtsilhouette. Das Hauptpostamt ist ebenfalls ein Beispiel französischer Kolonialarchitektur und außerdem größte Post des Landes.
- Giac Lam Pagode: Saigons älteste und eine der herrlichsten Pagoden Vietnams, bis ins Jahr 1744 zurückdatiert. In ihrem Inneren wetteifern 98 Säulen,

113 Statuen und unzählige Mini-Buddhas um Aufmerksamkeit. Man verpasse nicht den erstaunlichen Baum der wandernden Seelen, an dem die Menschen für ihre kranken Verwandten beten, indem sie die Namen ihrer Lieben auf Papierstreifen schreiben und diese an dem Baum befestigen.

- Cholon und die Thien Hau Pagode: Cholon heißt eigentlich Großer Markt, ein Name, der dem größten Markt Vietnams gerecht wird, dem Binh Tay Markt. Das Viertel (Cholon) ist Lebensraum von etwa 400 000 Chinesen und beherbergt viele wundervolle Tempel und Pagoden. Außerdem kann man hier allerlei Sachen einkaufen und sich die Zeit vertreiben, unbedingt empfehlenswert.
- Ben Thanh Markt: Dieser geschäftige Markt erfreut sich bei Touristen großer Beliebtheit, vorwiegend aufgrund seiner zentralen Lage. Er besitzt eine große Auswahl an Waren, von gefälschten Nike-Schuhen bis hin zu wunderschönen, seidenen Ao Dai's.

Bei meiner Ankunft in Ho Chi Minh City freute ich mich darüber, wieder in Vietnam zu sein. Meine Dreiländerreise hatte mich nach einem wunderschönen Auf-

Blick von einem Cafe auf die Hang Be Strasse in Hanoi

enthalt in Laos nach Kambodscha geführt, wo ich mich gar nicht wohl fühlte. Nächtliche Schießereien entsprachen nicht meinem Geschmack. Angkor Wat ist sicher interessant, aber einfach überfüllt von Touristen, was den Ausflug nicht unbedingt zum Vergnügen machte. Da ich auch eher naturinteressiert bin, haben mich die Tempelruinen nicht unbedingt vom Hocker gehauen.

Der Fahrer setzte unsere kleine Reisegruppe mitten in Saigon ab. Hier häuften sich die Hostels und Pensionen. Ich wählte schließlich eine annehmbare, deren Preis (acht US-Dollar pro Nacht) für mich auch völlig akzeptabel war. Nach der langen Reise von Phnom Penh sehnte ich mich nach einer Dusche, Speise und Schlaf. So ging ich einfach mal um den Block, wie man so schön sagt, wo ich um die Ecke auch ein kleines Restaurant mit westlichen und vietnamesischen Spezialitäten fand.

Da ich mir in Laos den Mittelfinger gebrochen hatte, dessen Versorgung in Luang Prabang nicht über eine Notfallbehandlung hinausging, nahm ich meinen Reiseguide zur Hand und das nächste Xe Om zum nahegelegenen, internationalen Krankenhaus. Dort wurde der Finger erstmal geröntgt, was den Verdacht auf eine Fraktur leider bestätigte. Offensichtlich war der Mittelknochen des Fingers gebrochen und ein Gipsverband unabdingbar.

Der Finger zeigte sich bereits nach den ersten Tagen ziemlich blau und rot angeschwollen, weshalb mir schon Böses schwante. Nun denn, was sein muss, muss sein, was konnte ich schon machen? Der Arzt legte mir den Gipsverband um den Finger. Zwar kam mir das Gefühl, er habe ihn zu fest gebunden, aber ich dachte mir in dem Moment nicht viel dabei.

Ich hatte meinen Zivildienst in einer chirurgischen Ambulanz absolviert, so dass ich ein wenig über Verbände und Bandagen bescheid wusste. Im Guesthouse wurde ich das Gefühl nicht los, mit dem Verband stimme etwas nicht. Ich spürte plötzlich, dass der Verband viel zu fest um den Finger gewickelt war, so dass ich ihn in Panik auflöste. So viel wusste ich jedenfalls, nämlich dass Gliedmaßen bei fehlender Blutversorgung absterben können.

Welch ein Service einer internationalen Klinik, dachte ich, sofort zurücksausend. Zum Glück für den Arzt hatte dieser nun Feierabend. Eine Schwester legte mir einen neuen Verband an, der zwar auch festsaß, aber noch ein wenig Luft ließ. Zusammen mit dem Röntgenbild verließ ich die Klinik; in drei Wochen sollte ich zum Nachprüfen in ein anderes Krankenhaus in Hanoi gehen.

Trotz des Malheurs mit dem gebrochenen Finger genoss ich die Reise. An diesem Spätnachmittag unternahm ich noch eine kleine Stadttour durch Saigon. Es war verrückt: ein derartiges Gewusel von Motorrädern hatte ich noch nie gesehen. Beim Umherfahren war ich froh, in Hanoi zu arbeiten statt in Saigon. Hier in Ho Chi Minh Stadt war alles eine Nummer größer, chaotischer, hektischer und nach dem Naturerlebnis in Laos für mich einfach zu viel des Guten.

Kurzerhand entschloss ich mich, den Aufenthalt abzukürzen und gleich einen Ausflug zum Cu-Chi-Tunnelsystem in Kombination mit einem Ausflug zur Cao-Dai-Religion in Tay Ninh für den nächsten Tag zu buchen. Bei meinem Guesthouse fand ich um die Ecke eine kleine Zweigstelle eines bekannten vietnamesischen Veranstalters. Der belesene, freundliche Inhaber sprach sogar ein wenig Deutsch und zeigte mir einige deutsche Bücher, die ich gerne mitnehmen könne. Viele Reisende ließen die Bücher zurück, nachdem sie diese ausgelesen hatten. Da Romanlektüre für mich angesichts dessen, was das Land fortwährend bot, wenig interessant war, bedankte ich mich höflich für das Angebot, buchte aber nur die Reise für den nächsten Tag. Dennoch nahm ich die Einladung auf einen Kaffee und ein bisschen Plaudern gerne an.

Cu Chi Tunnelsystem

Bei einem Aufenthalt in Saigon besuche man auf jeden Fall das Cu-Chi-Tunnelsystem, welches im Vietnamkrieg vielfachen Nutzen erwies. In Saigon ermöglichen etliche Reiseveranstalter einen günstigen Ausflug dorthin an, für den man einen halben Tag einplanen sollte. Viele Anbieter bieten den Besuch dorthin aber auch in Kombination mit einem zur Cao-Dai-Sekte als Tagesausflug an, so wie ich das gebucht hatte.

Am Morgen war ich gutgelaunt über den kommenden Ausflug, wodurch ich endlich noch mehr Sehenswürdigkeiten Vietnams zu Gesicht bekäme. Den Norden hatte ich ja mittlerweile weitgehend bereist.

Gemeinsam mit fünf Mitreisenden ging es im Minibus zunächst zwanzig Minuten durch Saigon, dann wieder Richtung Kambodscha. Eine malerische Landschaft säumte unseren Weg nach Cu Chi.

Bevor man sich zu den Tunneln begibt, sieht man einen kurzen Einführungsfilm über den Tunnelbau. Danach beginnt die geführte Erkundung des Tunnellabyrinths. Ausgestellt sind auch zahlreiche Menschenfallen und die Überreste eines amerikanischen Tankers, genauso wie zahlreiche Bombenkrater, die von 500-Pfund-Bomben stammen (von B52-Bombern abgeworfen).

Leider regnete es ein wenig, wie in der Regenzeit üblich, aber das störte nicht besonders. Ich fand die Panzer und Fallen interessant, ein Stück vietnamesischer Geschichte.

Zu seiner Blütezeit erstreckte sich das Tunnelsystem auf drei Ebenen über mehr als 250 km von Saigon bis zur kambodschanischen Grenze. Das Netzwerk beinhaltete unzählige Falltüren, Wohnbereiche, Lagereinrichtungen, Waffenfabriken, Feldkrankenhäuser, Kommandozentralen, Küchen.

Als Besucher bekommt man in der unterirdischen Küche einen Tee und kostenlosen Snack. Zusammen mit einem australischen Paar ließ ich mir beides schmecken.

Alter Weg zur Parfümpagode

Landschaftsbild nahe Hoa Lu/Tam Coc

Landschaftsbild nahe Hoa Lu/Tam Coc

Reisfelder, die Kornkammer Vietnams

Straßenbild in Hanoi

Karststeininsel in der Halong Bucht

Dschunke in der Halong Bucht

Die heute verbliebenen Tunnel sind eine Haupttouristenattraktion, die dem Besucher eine einmalige Erfahrung und einen Einblick in das Untergrundleben zur Zeit des Vietnamkrieges erlauben. Die Tunnel wurden zum Glück verbreitert (sonst wäre das Betreten nicht möglich!), obwohl sie noch immer eng sind. Gerade große Leute oder solche mit Klaustrophobie haben Schwierigkeiten, ein Stück weit das Tunnelsystem zu betreten oder dort hineinzukriechen. Ich hatte mit meiner Größe von 1,85 m schon einige Mühe. Außerdem war die Luft stickig und dunstig, so dass ich froh war, wieder im Freien zu sein, denn ich bekam Beklemmungsgefühle in den kleinen Gängen. Aber ein Erlebnis war es allemal.
Neugierige hatten die Möglichkeit, mit der AK47 oder der MK16 am Waffenstand zu schießen, ein etwas makabres Vergnügen und angesichts der Geschichte mehr als geschmacklos. Angeblich ähneln die alten Holzziele den US-Marines.

Tay Ninh, nahe der kambodschanischen Grenze, ist Heimat der einzigartigen Religion „Cao Dai", deren Patrone unter anderem Johanna von Orleans, Victor Hugo und Winston Churchill waren. Sie ist vielseitiger Mix westlicher und östlicher Religionen.

Der Besuch war auf jeden Fall interessant, auch wenn mich das Ganze nicht unbedingt vom Hocker gerissen hat. Aber sehenswert war es allemal. Wir durften die Anlage betreten und einer religiösen Zeremonie beiwohnen. Meine Mitreisenden zeigten sich dabei auch nicht zu sehr begeistert, wie ich von ihren Gesichtern abzulesen war.

Gegen Nachmittag kehrten wir nach einer kurzen Erfrischungspause zurück Richtung Saigon. Ich verabredete mich mit den zwei Reisenden zum Abendessen, da wir uns während der Fahrt gut verstanden, doch der Schuss ging leider in den Ofen. Mit dem Mädchen verstand ich mich ganz gut, aber ihr Freund verhielt sich plötzlich ziemlich komisch. Er machte dumme Bemerkungen darüber, dass ich nur Vegetarisches zu mir nähme, so dass das Treffen in einem Streit endete. Manche Reisenden, besonders Rucksackreisende, hatten kein Benehmen und waren nur unverschämt. Man musste schon aufpassen, mit wem man etwas unternahm.

Mekong Delta

Bei meinem Aufenthalt in Ho-Chi-Minh-Stadt buchte ich kurzerhand einen Zweitagesausflug ins Mekong-Delta, der südlichsten Region Vietnams. Sie wird oft auch als Reisschüssel Vietnams bezeichnet, da die Bauern drei Reisernten pro Jahr einbringen. Überdies ist das fruchtbare Flussdelta für seine tropischen Früchte und Blumen bekannt. Die Deltaregion bezeichnet das Ende einer 4.500 km langen Reise des Mekongs, nach der Durchquerung von sechs Ländern.

Als traditionelles Fortbewegungsmittel im Delta, entlang eines riesigen Kanalnetzwerkes, dient das Boot. Eine Bootstour entlang dieser Kanäle und der Besuch der schwimmenden Märkte bildet immer eine faszinierende und lohnende Erfahrung. Mich haben am Mekongdelta besonders die verzweigten Wasserarme, die tropische Landschaft mit unzähligen Palmen sowie das Leben der Einheimischen im Delta fasziniert.

Ich empfehle jedem Touristen in Saigon (Ho Chi Minh Stadt) eine Tour ins Delta. Eine Viertagestour ist meines Erachtens zu ausgedehnt, denn nach dem zweiten Tag stellen sich Wiederholungen ein, was zu Eintönigkeit führt. Man fährt dann nämlich nur auf dem Boot und besucht noch mehr Farmen. Ein Tagesausflug hingegen ist einfach zu kurz. Ich konnte mich zuerst nicht zwischen einer Zwei- oder Dreitagestour entscheiden, doch die zwei Tage genügten letztlich. So brach ich am nächsten Morgen mit einer kleinen Gruppe zu den Wasserwegen des Mekongs auf.

Man gewinnt bei einem zweitägigen Ausflug einen Eindruck vom Leben am Mekong und seinen zahlreichen Nebenflüssen. Die Tour, in Saigon beginnend, führte zuerst nach Cai Be. Dort bestieg ich ein Boot, welches mich direkt ins Mekong-Delta brachte.

Auf den betriebsamen Wasserwegen unterwegs, eröffnet sich die Möglichkeit zum Einkauf auf schwimmenden Märkten, zum Genuss tropischer Früchte in üppig bewachsenen Obstgärten bzw. zum Genuss von Tee in einem typischen Bootshaus oder zum Kennenlernen der Kunst der Bonsaiaufzucht. Wir besichtigten einige Farmen, u.a. eine Kokosplantage, wo wir Gelegenheit hatten, der Herstellung von Bonbons zuzusehen, davon zu probieren und fertige Produkte zu kaufen. Eine andere Farm (Herstellung von Sojasauce) bot einen Rundgang durch Garten und Produktionsstätte an.

Im Preis inbegriffen war ein leckeres Mittagessen in einem tropischen Garten. Spätnachmittags schließlich gelangten wir nach Cantho, dem Herzen des Mekongdeltas, wo wir in einem Hotel in der Altstadt übernachteten. Zusammen mit einigen anderen Reisenden aß ich in einem vietnamesischen Restaurant zu Abend. Mit einer erfrischenden Dusche beschloss ich diesen langen Tag.

Nach dem Frühstück stand der Besuch des Schwimmenden Marktes von Cai Be auf dem Programm, einer der bekanntesten auf dem Mekong. Obst-, Gemüse-, Fleisch- und Fischhändler fahren auf kleinen Booten auf den Wasserarmen umher und bringen ihre Ware an den Mann, ein interessanter Anblick.

Von dort aus ging es mit dem Boot weiter auf den endlosen Wasserwegen des gewaltigen Mekong. Zwischendurch stand eine Rast in einem kleinen Restaurant in der Nähe auf dem Programm, das einheimische Köstlichkeiten servierte.

Gegen Mittag pausierten wir in einer kleinen Bude, gerade zur rechten Zeit, denn ein kühlender, sintflutartiger Regen setzte unverhofft ein. So was erlebt man nur in Südostasien, die Stimmung war einzigartig. Ein schönes Erlebnis, denn ich liebte den Regen. Er hatte schon etwas Besonderes. Meine Mitreisenden schossen auch einige Bilder und erzählten sich ihre bisherigen Erlebnisse, da man nun das Ende des Regens erwartete.

Nach dem Wolkenguss setzten wir unseren Weg weiter zum Ong-Giao-Garten fort, wo wir ein Handwerksdorf besichtigten und bei der Herstellung von Ziegeln und Töpferware zuschauten. Außerdem erfuhren wir etwas über die Erzeugung von Fisch- und Sojasauce.

Von da ging's noch ein Stück auf den Armen des Mekong entlang, ehe wir in der kleinen Stadt Vinh Long ankamen, von wo es am frühen Nachmittag zurück nach Saigon gehen sollte.

Diesmal hatte ich mehr Glück mit den Mitreisenden. Ein nettes junges Paar aus England war auf Welttournee; witzigerweise sah der junge Mann mit kurzen Haaren mir täuschend ähnlich. Bei Pizza und einigen Heineken sprachen wir am Abend über diverse Urlaubsziele. Solche Begegnungen bereichern jede Reise.

Ich überlegte, noch einen Tag in Saigon anzuhängen, hatte aber die wichtigsten Sehenswürdigkeiten bereits gesehen, so dass es mich weiterzog. Ich bin nicht der Typ, der zu lange an einem Ort bleibt, also buchte ich ein „open bus ticket" von

Saigon nach Hue. Dieser offene Busfahrschein (ca. 30 bis 35 US-Dollar) ermöglicht, die Reise so oft wie möglich an den bedeutendsten Punkten Vietnams zu unterbrechen. Wollte man am nächsten Tag weiterfahren, gab man dem örtlichen Büro Bescheid. Ein preiswertes Vergnügen.

Ich freute mich auf die Fahrt vom Süden in den Norden des Landes, trotz oder auch gerade wegen meines Gipsverbandes am Finger. Was soll's, take it easy, Johannes, sagte ich mir. Dalat sollte meine nächste Station sein.

Dalat

Die ehemalige französische Bergstation, Dalat, hieß einst „Klein-Paris". Ihre Lage 300 Kilometer nördlich von Saigon im zentralen Hochland macht sie zum idealen Platz, um der Hitze in den Großstädten Vietnams zu entfliehen. Aufgrund ihrer Höhe von etwa 1500 Metern über dem Meeresspiegel herrscht dort angenehmes, kühles Klima.

Von Saigon aus dauerte die Fahrt mit dem Minibus je nach Aufkommen ca. sieben Stunden. Es ging durch die Hügel entlang des Highways 20 nach Dalat, vorbei an einigen Tee- und Kaffeeplantagen sowie den malerischen Poguar-Wasserfällen (ca. 15 Kilometer Entfernung vom Highway, tolle Fotoobjekte).

In Dalat lohnt ein Abstecher zur Lam-Ty-Ni-Pagode, da in dieser der Mönch Vien Thuc wohnt, der fließend sechs Sprachen spricht. Zudem lässt sich die Sommerresidenz des letzten vietnamesischen Kaisers, Bao Dai, besichtigen. Kurz nach Ende des Zweiten Weltkrieges 1945 wurde er zur Abdankung gezwungen und ging freiwillig ins Exil nach Frankreich. Dort hatte er als Kind seine Erziehung genossen, so dass behauptet wird, er habe besser Französisch als Vietnamesisch gesprochen.

Vom Palast aus ist es nicht weit zum treffend bezeichneten „Crazy House". Bestehend aus grell angemaltem Zement, windet es sich um Bäume herum, als Imitation ihre Bewegungen. Heute beherbergt es ein Gasthaus.

Ebenfalls recht nahe befindet sich das Lac Dorf, benannt nach dem Namen einer ethnischen Minderheit. Ihre Bewohner bewohnen kleine hölzerne Hütten. Eine spannende Erfahrung, die man nicht verpassen sollte.

Eine kurze Zugfahrt bringt Neugierige von Dalat aus auf dem Cremaillere Railway in das Dorf der Tri Mat.

Also egal, was man macht, Dalat lohnt auf jeden Fall eine Reise. Am besten verbringe man hier mindestens zwei Nächte. Viele junge, vietnamesische Paare verbringen ihre Flitterwochen in Dalat.

Dalat liegt nicht auf der Hauptroute des Open Bus Tickets, lässt sich aber trotzdem als Option mitnehmen.

Mir gefiel dieser Ort gut. Er erinnerte ein wenig an Tam Dao im Norden Vietnams, nicht nur des angenehmen Klimas wegen. Ich fühlte mich in der entspannten Atmosphäre wohl. Meine Zeit verbrachte ich damit, durch den Ort zu schlendern sowie mit dem Genuss der Speisen und des Panoramas der umliegenden Berge. Eines meiner Lieblingsessen in Vietnam waren nach wie vor vietnamesische, vegetarische Frühlingsrollen in süßsaurer Sauce, Fisch mit Reis oder Reis mit Garnelen und Gemüse als Beilage. Wirklich schmackhaft. In Dalat hatte ich auch ein nettes Restaurant mit hervorragender Küche entdeckt. Zudem gefiel es mir, mal keine Mitreisenden zu haben und mein eigenes Tagesprogramm zu gestalten.

Nach zwei Nächten setzte ich meine Reise an den Küstenort Richtung Nha Trang fort. Gerne hätte ich hier noch einige Tage länger zugebracht, aber ich hatte nicht ewig Urlaub und wollte so viel wie möglich vom Land sehen.

Nha Trang und Umgebung

Nha Trang, 442 Kilometer von Saigon entfernt, bietet seinen Besuchern sowohl Meer, Sand und Sonne als auch das Erbe der Chamkultur zum Genuss.

Mit sieben Kilometer langen, weißen Sandstränden wird Nha Trang auch oft als Vietnams Mittelmeer bezeichnet. Das ganze Jahr über scheint die Sonne, bei einer Durchschnittstemperatur von 23°C. Aufgrund der nördlichen Winde fällt der Regen geringer aus als irgendwo anders im Land. Zudem gefährden keine Stürme die Gegend, was sie zu einem Traumland für alle Strandfreunde macht.

Nha Trang profitiert von den geografischen Vorteilen des Meeres, der Inseln, der Berge und des Deltas. Diese großartige natürliche Kombination der langen Küstenlinie und der Berge im Westen macht diese Gegend ideal zum Baden und Schnorcheln.

Im Tri-Nguyen-Aquarium auf der Mieu-Insel bilden viele Tierarten aus Nha Trang bzw. der Khanh-Hoa-Provinz eine kleine Meereswelt. Die Mun-Insel ist die beste Insel zum Schnorcheln, wo man viele bunte Korallen und Fische beobachtet. Alternativ bietet sich von Nha Trang aus ein Ausflug ins Hinterland an, zu einem Wasserfall oder die Erkundung der Region mit dem Motorrad. Bei Nha Trang befindet sich übrigens auch das berühmte Ana Mandara Resort, eines der besten vietnamesischen Hotels überhaupt.

Ich genoss die abwechslungsreiche Fahrt mit dem Bus und anderen Reisenden zu Musik von Lenny Kravitz, den Guano Apes und den Red Hot Chilli Peppers, während ich mich auf den neuen Ort freute.

Ich checkte in einem Hotel an der Hauptstraße ein, das offensichtlich schon auf den Bus und somit auf neue Reisende wartete.

Am nächsten Tag schlenderte ich ein wenig am Strand entlang, war aber doch ein wenig enttäuscht von dessen Qualität und den herumliegenden Einwegspritzen. So beschloss ich, mir etwas Gutes zu tun, also ging ich in einen Massagesalon. Die Ganzkörpermassage war sehr entspannend: zuerst duschte man, dann ging´s für einige Minuten in ein Dampfbad, bis man schließlich nach einer erneuten Dusche die Massage genoss.

Etwas gefährlich anmutend wurde es für mich, als mir die Masseuse ohne Vorwarnung den Kopf von rechts nach links drehte und etwas krachte. Sie meinte darauf ‚no problem'. Ich war jedenfalls schockiert, habe im Nachhinein erfahren, dass man unter Umständen querschnittsgelähmt davon werden konnte, aber die junge Dame wusste offensichtlich, was sie zu tun hatte.

Mit einem Guide besuchte ich im Anschluss noch einen nahen Wasserfall, da mir nicht nach Baden zumute war, und beschloss, am nächsten Tag meine Reise Richtung Hue fortzusetzen.

Badeorte

Whale Island
Ein wirklicher Tipp, da noch nahezu unbekannt. Privates Resort auf einer kleinen Insel vor der Küste Nha Trangs, in der Van Phong Bucht. Es verfügt über 24 Bungalows mit Blick auf den wunderschönen weißen Sandstrand. Freizeitvergnügen sind z.B. Tauchen, Schnorcheln, Windsurfen oder Segeln.
www.iledebalaine.com.

Phu Quoc
Entwickelt sich zum Ferienparadies Vietnams. Perfektes Reiseziel für erholsamen Strandurlaub, aber auch beliebt bei Wochenendausflüglern aus Saigon. Mag man nicht nur am weißen Sandstrand entspannen, so erkunde man die Dörfer, um etwas vom einheimischen Leben zu sehen, oder einige der berühmten Fischsaucen-Fabriken. Direktflüge ab Saigon.

Long Hai
30 km nordöstlich von Vung Tau. Die Fahrt dauert von Ho Chi Minh Stadt ca. zwei Stunden (120 km). Nahe Long Hai befinden sich einige sehenswerte Orte – die Höhlen von Minh Dam, die unterirdischen Tunnel von Dia Dao, die Pagode Chua Phap Hoa …

Insel Con Dao
Beliebter Urlaubsort für Einheimische als auch für westliche Touristen. Das historische Urlaubsziel ist berühmt für Erholungsurlaub, Entspannung an weißen Sandstränden, seinen unberührten Nationalpark und seine freundlichen Einheimischen.

All das macht die Con-Dao-Insel zu einem Muss im Süden Vietnams. Von Con Dao fahre man z.B. mit dem Boot auf die kleine Insel Bay Canh, zum Wandern, Schnorchen oder Schwimmen.
Direktflüge ab Saigon.

Hue und Hoi An

Der nächste Streckenabschnitt blieb mir in Erinnerung, da er einen der schönsten Abschnitte Vietnams enthielt: den Wolkenpass. Die Fahrt war atemberaubend schön; der Bus wand sich langsam zu einem Pass empor. Eigentlich muss man es selbst mal erlebt haben.

Unterwegs traf ich in den Pausen zwei nette japanische Backpacker. Es gab im Bus ein paar witzige Begebenheiten, so z.B. als sich einer bei mir entschuldigte, weil er den Sitz nach hinten klappte. Ich erwiderte, es ist doch genug Platz, also kein Problem. An einer Raststation bot mir der eine eine Zigarette an, wobei er sich als „Manabu“ vorstellte. Wir verstanden uns gut, und er meinte, ich sei sehr nett.

Wir kamen am Abend in Hoi An an, wo wir im selben Guesthouse abstiegen. Freundlicherweise boten die beiden mir an, das Zimmer zu teilen, was ich aber dennoch ablehnte.
Man traf sich nahe der japanischen Brücke in Hoi An im Altstadtviertel zum gemütlichen Abendessen. Die beiden Japaner qualmten wie die Schlote. Wir hatten einen vergnüglichen Abend zusammen, witzelten viel herum und verstanden uns blendend. Am nächsten Morgen wollten die beiden zwar schon weiterreisen, aber mit Manabu wollte ich mich wieder in Hanoi treffen, so der Plan.

Vom 16. bis zum 18. Jahrhundert war Hoi An aufstrebender, internationaler Handelshafen für chinesische, holländische, französische, japanische, portugiesische und arabische Kaufleute. Sie kamen vorzugsweise zum Handel mit Keramik und hochwertiger Seide, die immer noch in dieser Gegend hergestellt wird. Heute ist Hoi An eine hübsche, altertümliche Stadt am Fluss. Besucher mögen sie wegen ihrer vielseitigen Architektur, ihrer Schneider und zahlreichen Cafés. Einige Gebäude in den engen Straßen haben seit mehr als einem Jahrhundert fast unverändert erhalten.

Also: es ist nicht unbedingt ein Muss, sich hier einen Anzug, einen Kimono oder Ähnliches zurechtschneidern zu lassen, doch ist Hoi An nun mal gerade deswegen berühmt. Die Preise sind wirklich niedrig, also wenn man schon mal dort ist – warum nicht?

Besonders gefielen mir an Hoi An die sich eng windenden Straßen des Altstadtviertels und die Pagode Chua Ong, die Chinesischen Sitzungssäle, das 200 Jahre alte Tam-Ky-Ahnenhaus und besonders die Japanische Brücke. Hoi An wurde von der Unesco als Weltkulturerbe ausgezeichnet. Gerade die Gegend rund

Arbeitende Frauen in der Ninh Binh Provinz

um die japanische Brücke lohnt einen Abstecher, ganz besonders abends, wenn die Teiche beleuchtet sind und man dort in legerer Atmosphäre gut und auch preiswert isst.

In Hoi An wie in anderen Gegenden in Vietnam sprechen einen oft Verkäufer an. Da sitzt man gemütlich in einer Kneipe bei einer Cola oder einem Kaffee, und ein ambulanter Händler nach dem anderen fragt einen, ob man ihm die Sonnenbrille abkaufen wolle – so ist das manchmal in Vietnam. Mir ist dies am nächsten Tag passiert; einer der wenigen Momente, in denen ich wirklich die Fassung verlor.

Touristisch gesehen kann man in Hoi An (abgesehen von Pensionen oder Guesthouses) das „Victoria Hoi An Beach Resort“ empfehlen. Von Hoi An bieten sich z.B. Tagesausflüge nach My Son und zum Berg Ba Na an.

Kleiner Hinweis: In Hoi An wohnt mein Bekannter Thomas Weingärtner, der mit einer Vietnamesin verheiratet ist. Mittlerweile bietet er Motorradtouren (ein- bis mehrtägig) an, wie auch einen Kochkurs seiner Frau.

www.8ung.at/thomas_vn

Ba Na und My Son

Ba Na, rund eineinhalb Stunden von Hoi An entfernt in den Truong-Son-Bergen, 1.048 Meter über dem Meeresspiegel, war in den 1920er Jahren ein französischer Erholungsort, der sich 200 Villen, Restaurants und Clubs rühmte. Mit seinem milden Klima, unberührten Wäldern und spektakulären Ausblicken über das Südchinesische Meer und die Laoberge war Ba Na ein beliebter Rückzugsort sowohl für Franzosen als auch für reiche Vietnamesen. Heutzutage zieht die Gegend immer noch Einheimische und gleichgesinnte Touristen an, obwohl die Anreise besonderen Aufwand und wegen der miserablen Straßenverhältnisse einen Geländewagen erfordert.

Der 60 km von Hoi An entfernte Ort My Son gilt als besterhaltenes Cham-Zentrum Vietnams. My Son war einst Hauptstadt der alten Cham-Zivilisation, die vom zweiten bis zum dreizehnten Jahrhundert in Zentralvietnam herrschte. Ihre Religion leitete sich vorwiegend vom indischen Hinduismus ab, obwohl die Turmstrukturen, wie in Angkor Wat auch, den ehemaligen göttlichen Monarchen selbst gewidmet sind.

Der Komplex besteht aus sieben hinduähnlichen Türmen und Tempeln aus dem siebten Jahrhundert, ein Muss für jeden Interessierten an Architektur und alten Zivilisationen, ferner eine der Weltkulturerbestätten Vietnams.

Achtung: Die Gegend um My Son erfuhr während des Vietnamkrieges heftiges Bombardement, so dass in dieser Gegend auch heute noch etliche Minen liegen und daher unbedingt die Wege einzuhalten sind. Immer wieder berichten Zeitungen von Unfällen in dieser Gegend!

Hue, Vinh Moc und Phong Nha

Zwischen 1802 und 1945 diente Hue den Kaisern der Nguyen-Dynastie als Hauptstadt Vietnams. Die Vergangenheit ist noch heute innerhalb der Mauern der Zitadelle und in der Kaiserstadt sichtbar. Beide erfuhren während der Tet-Offensive 1968 starke Beschädigungen, als die Kommunisten die Stadt vom Süden her eroberten und sie drei Wochen lang hielten. Heute ist, dank Unterstützung der Unesco, das meiste getreu des alten Glanzes wieder hergestellt. Die Kaiserstadt, im 19. Jahrhundert nach Vorbild der Verbotenen Stadt in Peking errichtet, besitzt viele Paläste und Tempel im Inneren.

Ich verbrachte nur zwei Nächte in Hue. Da es in erster Linie als alte Kaiserstadt berühmt ist, begann ich meine Tour auch mit der Zitadelle und stattete hernach den königlichen Gräbern der Nguyen-Kaiser, außerhalb der Stadt, einen Besuch ab. Hier beeindrucken v.a. landwirtschaftlich verschönerte Gärten und die kunstvolle Architektur der königlichen Gräber.

Abends unternahm ich eine Bootsfahrt auf dem ruhigen Wasser des Parfümflusses, ein einmaliges Erlebnis, das sich niemand in Hue entgehen lassen sollte.

Straßenbild in Hanoi, im Hintergrund gibt es immer noch viele Fahnen mit Hammer und Sichel

Am nächsten Tag führte mich ein Abstecher nach Vinh Moc, ein in der demilitarisierten Zone von den Vietkong angelegter Flecken. Dort entdeckt man wie in Cu Chi ein durchaus reizvolles Tunnelsystem, jedoch mit weniger Besuchern. Die 2,8 Kilometer langen Tunnel von Vinh Moc blieben anders als die von Cu Chi im Süden des Landes unverändert, was einen authentischen Einblick in das Leben unter der Erde verschafft.

Möchte man mehr von der traumhaften vietnamesischen Natur sehen, so begebe man sich z.B. zum Nationalpark „Phong Nha". Man fährt zuerst zum Fluss Son, wo man ein Boot zu den berühmten Höhlen von Phong Nha mietet. Im Park erblickt man wunderschöne Kalksteinformationen, Grotten und Höhlen. Zudem beinhaltet er auch Vietnams größten urzeitlichen Wald und den größten Kalksteingebirgszug der Erde. Die eindrucksvollste Höhle ist die Phong-Nha-Höhle mit ihren vielen faszinierenden Steinformationen, deren Namen beispielsweise „Der Löwe", „Feenhöhle", „Königlicher Hof" oder „Buddha" lauten.

Phong Nha rühmt sich außerdem seiner unterirdische Flüsse, großen Höhlen und Durchgänge und seiner breiten Sandbänke, umgeben von kristallklarem Wasser. Im Jahr 2003 erklärte die Unesco diesen Park zum Weltkulturerbe. Es war die fünfte Weltkulturerbeauszeichnung für Vietnam, nach der Halong-Bucht, der ehe-

Landschaft in der Ninh Binh Provinz, zwei Autostunden südlich von Hanoi

maligen Kaiserstadt von Hue, dem alten Fischerdorf von Hoi An und den Cham-Ruinen von My Son.

Zurück in Hanoi

Zurück in einem Restaurant in Hue überlegte ich, ob ich wirklich die lange Busfahrt (diesmal in der Nacht) nach Hanoi machen, oder nicht doch lieber einen Inlandsflug nehmen sollte. Zahlreiche Reisende hatten mir geschildert, dass die Strecke nicht ganz ungefährlich sei. Schlechte Straßenverhältnisse und eine rasante Fahrweise ließen mich nicht lange zögern, so dass ich für den nächsten Vormittag einen Inlandsflug zurück nach Hanoi buchte.

Es kostete auch nur ca. 70 US-Dollar und ersparte mir eine Menge Stress. Der einstündige Flug war auch in Ordnung, denn Vietnam Airlines besaß eine moderne Flotte und einen guten Service.

So endete meine dreiwöchige Reise durch Laos, Kambodscha und Vietnam. Es war ein interessantes, schönes Erlebnis für mich, wenn auch noch nicht ganz zu Ende: Mir blieben noch ein paar freie Tage in Hanoi, immerhin ein Wochenende.

Am Samstagmorgen, also einen Tag nach meiner Rückkehr, klopfte Manabu, der Japaner, den ich in Hoi An kennengelernt hatte, an meine Tür. Oh, Mann, es war erst acht Uhr morgens, aber ich freute mich ihn zu sehen. Er war noch auf der Suche nach einem Guesthouse, doch in meinem waren zu diesem Zeitpunkt leider alle Zimmer belegt. Nach kurzem Überlegen lud ich ihn ein, bei mir zu bleiben, denn immerhin hatte ich zwei Betten und er konnte Geld sparen. Noch nie hatte ich jemanden so glücklich gesehen.

Ich sagte ihm, ich bräuchte erstmal eine Dusche, worauf wir dann gerne etwas frühstücken gehen und zusammen Hanoi unsicher machen könnten. Er wollte mich einladen und mir Geld fürs Zimmer geben, aber ich sagte ihm, es sei schon in Ordnung. Es kostete nicht mehr, ob ich alleine oder wir zu zweit im Zimmer wohnten.

Er ordnete seine Reiseutensilien und freute sich über das warme Wasser in der Dusche. Dann guckten wir ein wenig MTV. Er stand genau wie ich auf Rock. Witzigerweise hatte ich ihm ein Lied von den Guano Apes vorgespielt, welches er sehr mochte. „You can’t stop me“, man sollte es nicht glauben, aber das lief bei MTV Asia direkt im Anschluss nach Linkin Park.

Zum Frühstück um die Ecke tranken wir Kaffee und rauchten unsere ersten Zigaretten, bevor wir eine Runde Billard spielten. Anschließend mieteten wir uns zwei Mopeds, auf denen wir etliche Handwerksdörfer in der ländlichen Umgebung Hanois besuchten. Besonders das Keramikdorf Bat Trang, wo wir bei der Herstellung von Vasen, Tellern und anderem Porzellan zusahen, fand Manabu sehr interessant.

Wir waren guter Laune. Nachmittags nahmen wir zurück in Hanoi gemeinsam das Mittagessen ein, irgendwo in der Hang-Trong-Straße auf einem Balkon und beobachteten die Straße und das quirlige Leben Hanois.

Manabu war nett; er spielte Gitarre in einer Band. Dies war seine erste Reise durch Südostasien, zum ersten Mal außerhalb von Japan. Er war froh, dass wir uns getroffen hatten. Kambodscha gefiel ihm sehr gut, ebenso wie nun Vietnam. Allerdings war seine Zeit begrenzt, so dass er nach ein paar Tagen von Bangkok wieder nach Tokio zurückfliegen würde. Für Laos blieb keine Zeit. Da seine Freundin nicht hatte mitkommen wollen, war er kurzerhand mit seinem Kumpel verreist. Sie hatten sich aber später entschieden, jeder seine eigene Reiseroute weiterzuverfolgen.

Manabu wollte am nächsten Tag unbedingt nach Tam Coc und Hoa Lu, also zur trockenen Halong-Bucht, da es dort auch viele Karstfelsen gab. So haben wir kurzerhand über Sinh Café einen Ausflug dorthin gebucht.

Hoa Lu und Tam Coc

Hoa Lu, 100 km südlich von Hanoi, war zwischen 968 und 1009 Hauptstadt Vietnams, unter der Dinh- und der Le-Dy-Dynastie. Einige der Heiligtümer und Gräber haben die Jahrhunderte überdauert, so dass sie heute noch zur Besichtigung offen stehen.

Bei der Suche nach dem richtigen Platz für seine neue Hauptstadt fiel die Wahl des Königs Dinh Tien Hoang auf einen von schroffen Bergen umgebenen Ort. Er wird von Wasserläufen gespeist, die die Stadt eingrenzen und eine natürliche Barriere bilden. Im 10. Jahrhundert hatten Wasserwege zur Verteidigung genauso hohe Bedeutung wie für die Landwirtschaft.

Zur Besichtigung stehen zwei interessante verbliebene Tempel der alten Zitadelle. Der erste ist Dinh Tien Hoang (auch bekannt als Dinh Bo Linh), einem Kaiser der Dinh-Dynastie gewidmet. Der zweite erinnert an die Le-Dynastie. Dinh Bo Linh besiegte erfolgreich Vietnams erste, unhabhängige Herrscher, die Ngo-Dynastie. Nach seinem Tod 980 heiratete General Le Hoan klugerweise Dinhs Witwe und gründete so die Le-Dynastie. Er vergrößerte die Zitadelle.

Die Region ist von erstaunlicher natürlicher Schönheit. Aufgrund ihrer Kalksteingipfel behaupten viele, sie übertreffe den Glanz der Halong-Bucht. Tatsächlich nennt man diese Gegend oft „Halong-Bucht an Land“ oder „trockene Halong-Bucht“. Hier erlebt man unvergessliche Ruderbootfahrten auf dem Fluss Boi, wo man hoch aufragende Kalksteinfelsen passiert.

Von Hanoi aus dauert die Fahrt auf dem Highway 1 Richtung Süden nur knapp zwei Stunden. Wir hatten mal wieder Glück, denn trotz der Regenzeit war dieser Tag sonnig und dementsprechend heiß.

In Tam Coc selber dauert die Fahrt auf dem Boi-Fluss ca. drei Stunden, eine wirklich angenehme Tour. Den Bootsführern kaufe man auf ihre Bitte allerdings keine Cola- oder Limodosen. Zwar geben sie vor, Durst zu haben, aber sie stecken das Geld nur ein, legen die Dose zurück in die Kühlbox und versuchen, sie weiterzuverscherbeln.

Die Bootsfahrt verlief ruhig und angenehm entspannend. Allerdings tummelten sich viele Touristen auf den Booten, so dass ich mir ein wenig wie im Disneyland vorkam.

Trotz der schönen Landschaft bevorzuge ich nach wie vor die Halong-Bucht (die richtige). Manabu gefiel die Tour auch gut. Wir bekamen in der Nähe des Bootsanlegers ein vietnamesisches Mittagessen serviert.

Wir lagen so ziemlich auf der gleichen Wellenlänge, weshalb wir uns gut verstanden. Wir rissen Witze und planten, irgendwann eine Band zu gründen (mit mir als Leadsänger und ihm als Gitarristen), Musik zu komponieren und auf Tour zu gehen. Der Stil sollte Rock sein, also fehlten nur noch Bassist und Drummer. Lei-

Bootsfrau auf dem Yen Fluss nahe des Duc Dorfes

der wurde es nie etwas, denn wir verloren ebenfalls den Kontakt, wie das manchmal leider passiert.

Ich hatte selber vor einigen Jahren Gitarre spielen gelernt und fand Gitarrensolos schon immer faszinierend. Ich stand mehr auf die Eagles oder Fleetwood Mac, hörte aber genauso gerne die Red Hot Chilli Peppers oder Lenny Kravitz an. Meine absolute Lieblingsband war immer noch B'z aus Japan.

Vom Alltag in Hanoi

In meinem Hotel, bzw. meiner Pension, ging es nach meiner Reise zur trockenen Halong-Bucht (Hoa Lu) drunter und drüber. Ein Gast flippte aus, beschwerte sich lautstark über den nichtvorhandenen Service, dass das Internet nicht funktioniere und die Handtücher nicht gewechselt werden würden. Dieser Amerikaner, der in Hanoi als Lehrer arbeitete, machte ein Heidenspektakel.

Zu dieser Zeit kamen auch zwei deutsche Rucksacktouristen in Hanoi an, mit denen ich abends öfter Essen ging. Zu meinem Erstaunen sagten sie mir, als sie sich nach einer Tour zur Halong-Bucht duschen wollten, hatte die Rezeptionistin meines Hotels die beiden in das bewohnte (!) Zimmer des Amerikaners gebracht, natürlich ohne sein Wissen. Er befand sich gerade außer Haus; nicht vorzustellen, was geschehen wäre, wenn er davon Wind bekommen hätte. Es war unfassbar und unglaublich, dass die Mädchen der Rezeption einfach Reisende in bewohnte Zimmer ließen. Ich fragte mich, ob auch schon jemand in meinem Zimmer während meiner Abwesenheit duschte bzw. andere Dinge erledigte.

Ein Engländer auf meiner Etage zog kurz danach aus – nachdem er sein Zimmer aufschloss und eines der Mädchen der Rezeption aus seiner Dusche steigen sah. So amüsant es klang, fand er es nicht besonders witzig. Obwohl er das zunächst noch lockernahm, zog er letztlich wirklich aus.

Die beiden Münchener waren wirklich sympathisch und hatten schon viel von der Welt gesehen. Wir hatten ein paar angenehme Abende während ihres Aufenthalts in Hanoi. Am letzten gaben sie mir Verbandszeug und etwas von der Reiseapotheke, da sie nach Deutschland zurückflogen.

Ich spielte nun ebenfalls mit dem Gedanken, das Hotel zu wechseln. Die Managerin hatte ich schon eine Ewigkeit nicht mehr zu Gesicht bekommen. Offensichtlich gab es einige Änderungen im Management, wie das eben manchmal vorkommt. Lustig war, was fast überall passierte: An einigen Abenden ging das Licht aus, da der Generator mal wieder nicht funktionierte. Man beleuchtete das Zimmer dann mit einigen Kerzen. Der Service gefiel mir jedoch auch schon eine Weile nicht mehr, denn das Zimmer wurde kaum noch geputzt und die Handtücher wurden auch nicht gewechselt.

Diverse vietnamesische Andenken und Souvenirs

Allerdings liebte ich mein Zimmer und dessen Lage. Im Altstadtviertel fand man damals nicht so leicht ein schönes Zimmer mit der Aussicht wie in meinigem. Ich wollte nicht weg. Da ich nur noch knapp zweieinhalb Monate in Hanoi verweilen würde, hoffte ich, dass sich bald einiges ändern würde.

Nach wie vor traf ich ab und zu Martin und Sandra, sowie Heike und andere Freunde. Eines Abends, nach dem Fußballspiel, lud uns Heike in ihr kleines Haus in der Nähe des Westsees ein, wo wir eine Runde in ihrem kleinen Pool planschten. Dazu gab es Getränke und kleine Snacks, bis wir schließlich noch in der Nähe, am Truc-Bac-See, ein Lokal aufsuchten.

Ansonsten ging ich oft in meiner Freizeit Billard spielen, verabredete mich zum Essen oder kreuzte mit dem Moped durch die Straßen. Mit Thang unternahm ich ebenfalls viel. Zum Moon Festvial im Herbst lud er mich zu seinen Eltern ein, wo ich traditionellen, süßen, vietnamesischen Mondkuchen probierte, sehr lecker. Befindet man sich im Herbst in Vietnam, so sollte man sich das nicht entgehen lassen.

Tuan, einen Studenten, traf ich eines Tages im Bezirk Hai Ba Trung nahe dem Nikko-Hotels. Er liebte das Fischen im nahen Seepark. Alles gewöhnungsbedürftig, aber entspannend, zumal er das mit irgendwelchen selbst gebastelten Drähten und einem Holzhaken tat. Ich versuchte es auch mal, woraufhin nach knapp zehn Versuchen ein kleiner Fisch an der Angel zappelte, der auch hängen blieb. Als Köder benutzte Tuan ein paar mitgebrachte Würmer. Ich fand es abseits der Hektik der Stadt schon entspannend, wenngleich auf Dauer doch ein wenig zu langatmig.

Eines anderen Nachmittags spielten wir mit zwei Freunden Billard. Lustigerweise gewannen er und ich nach einem Glückstreffer von mir. Zugegeben, so viel Billard wie in Hanoi hatte ich mein ganzes Leben nicht gespielt.

Einen anderen Tag suchte ich abends ich mit der Finnin Anna, die für ein Aidsprojekt in der Provinz Bac Ninh arbeitete, das indische „Tandoori" in der Hang Be auf. Wir hatten uns an einem Wochenende bei einem Ausflug zur Halong-Bucht kennengelernt, woraufhin wir uns ab und zu zum Essen oder auf ein paar Drinks verabredeten. Sie wohnte auch am Truc-Bac-See.

Anna ging genau wie mir von Zeit zu Zeit auch einiges auf die Nerven, so z.B., dass man oft als Europäer angestarrt wurde und einige Leute versuchten, einen über den Tisch zu ziehen. Allerdings passierte es auch unter Vietnamesen, wie ich ein paar Jahre später erfuhr.

Ich empfand jedenfalls einige Tage als wunderbar, doch manchmal überkam es einen – sei es, dass man zum zehnten Mal gebeten wurde, etwas zu kaufen, oder eben als Alien angestarrt wurde – so dass man einfach nur davonlaufen wollte.

Martin, Sandras Freund, ging es ähnlich. Wir waren mal zusammen in der Saftstraße in Hanoi bei einem Mango-Papaya-Bananen-Saft (sollte man mal ausprobieren, eine Nebenstraße der Hang Gai; für ca. 10.000 Dong bekam man eine leckere Vitaminspritze). Dort sagte er mir, wenn er manchmal mit seinem Moped durch die Gegend fuhr und ihn ein nettes Mädchen anlächelte, dann war die Welt nach einem harten, langen Tag doch wieder in Ordnung. Dem konnte ich zustimmen, Hanoi und Vietnam waren eine Art Hassliebe geworden.

Hoa Binh

Ich entschied mich eines Samstagmorgens zu einer Fahrt nach Hoa Binh mit Tingh, einem örtlichen Reiseleiter. Da Hoa Binh nur zwei Stunden oder 75 km von Hanoi entfernt liegt, bewältigten wir die Strecke hin und zurück mit dem Motorrad locker an einem Tag. Die Provinz ist Heimat der Hmong-, Muong-, Dzao- und Thai-Minderheiten. Sie veränderte sich stark, seit hier das größte Wasserkraftwerk Südostasiens errichtet wurde, das den Fluss Da in einen See verwandelte. Dennoch kann sich die Provinz einer der schönsten Landschaften Vietnams rühmen.

Diese Tour ließ sich entweder bei einem ortsansässigen Reisebüro buchen oder auf eigene Faust mit einem Motorrad und bzw. oder einem Reiseleiter unternehmen. Kleiner Tipp am Rande: Wegen der geringen Entfernung rate ich dazu, diese Tour einfach mal mit dem Motorrad zu unternehmen. So war es einfach authentisch und auch lustig.

Es reicht, Hanoi in aller Ruhe nach dem Frühstuck zu verlassen und gemütlich nach Hoa Binh zu fahren. Nach der Ankunft kehrten wir in ein örtliches Restaurant zu Mittag ein, wobei mir ein Elternpaar auffiel, das seinem Baby Bier zu trinken gab ... na dann prost! Von Hoa Binh ist es ein Katzensprung zum Muong-Dorf, wo die einheimische Bevölkerung in Pfahlhäusern lebte. Man kann Platz nehmen, einen Tee trinken und Handarbeitsprodukte wie Stickereien erstehen. Ich gewann den Eindruck, dass schon viele Touristen den Ort besucht hatten, denn die Muong waren darauf eingestellt und nicht wirklich erstaunt über uns.

Das Dorf der Muong liegt in einer malerischen Landschaft, an einem kleinen Fluss in den Bergen. Nach einem Rundgang durchs Dorf besuche man z.B. den gewaltigen Staudamm, der ganz Vietnam mit Strom versorgt. Unterhalb des Damms befinden sich einige Restaurants und Andenkenläden. Auf dem Rückweg bietet sich ein Besuch im Ho-Chi-Minh-Trails-Museum an, das vom Ho-Chi-Minh-Pfad berichtet.

Der Weg nach Hoa Binh war übrigens der gleiche wie der nach Mai Chau, d.h. bei einer Reise nach Mai Chau passierte man auf jeden Fall Hoa Binh. Bei einigen Touren nach Mai Chau bestand auch die Möglichkeit, kurz am Staudamm Halt zu machen. Dort waren wir dann auch bei bestem Wetter und der Anblick war schon überwältigend. Auf jeden Fall ansehen, wenn schon mal in der Gegend.

Bei der Rückfahrt am späten Nachmittag lieferte ich mir mit einigen vietname-

Bambusstrauch auf dem Lande unweit von Hanoi

sischen Mädchen ein wildes Straßenrennen bei Tempo 80. Die hatten schon ziemlich Fahrt drauf. Übrigens ist so etwas gang und gäbe in Vietnam, und wie mir damals schien auch eine nette Flirttaktik, um jemanden kennenzulernen. Da wundern die vielen Unfälle in Vietnam aber auch nicht – das Land liegt sehr weit vornc, was Verkehrsunfälle mit Todesfolge betrifft!

Abschied von Vietnam

Aiden, mein englischer Arbeitskollege hatte mich schon ein paar Mal zum Essen bei sich eingeladen und schwärmte mir von den Kochkünsten seiner Frau vor. Schließlich ließ ich mich überreden, nach Feierabend mit ihm auf seiner Vespa ins District Long Ha zu fahren, wo er ein kleinen Haus in einer Seitenstraße bewohnte. Er hatte eine kleine Tochter und lebte glücklich mit seiner kleinen Familie.

Dort angekommen, in der Nähe des Fortuna Hotels übrigens, bot er mir Bier an und schaute englischen Fußball im Fernsehen. Das Essen, Fisch in allen möglichen Zusammenstellungen, schmeckte in der Tat außerordentlich lecker. Seine Frau kochte fantastisch. Zum Nachtisch gab´s frische Wassermelonen und Ananasstücke.

Aiden wollte nach Möglichkeit noch eine Weile hier bleiben. In England hatte er keine Wurzeln, außerdem meinte er, Leute wie er oder ich, die schon eine Weile außerhalb Europas wohnten, veränderten sich. Man komme als anderer Mensch zurück, mit offenerem Horizont, sehe vieles Dinge in einem anderen Licht. Allerdings werde er wohl auch nicht immer in Hanoi wohnen bleiben.

Eines anderen Abends verabredeten wir uns im Gecko Pub in der Bao Khanh, gemeinsam mit seiner Frau. Er beklagte sich, auch samstags arbeiten zu müssen, so dass er mit Kien noch ein Gespräch führen wolle. Wie sich im Nachhinein herausstellte, hatte Aiden keine guten Karten. Der halbe Tag Arbeit am Samstag galt für die meisten Arbeitnehmer, gleichgültig ob Vietnamesen oder Europäer. Ich hatte wohl eine Sonderregelung wegen meines begrenzten Vertrags.

Ich verstand mich gut mit Aiden, denn er war weltoffen und weit gereist. Uns konnte man schlecht ein X für ein U vormachen. Bevor er schließlich einen Arbeitsvertrag bei dem Veranstalter erhielt, hatte er eine Weile als Reiseleiter das Land bereist, bis er schließlich sesshaft wurde. Nachdem Sandra nun nicht mehr dort arbeitete, war er als Marketing-Manager am Ziel seiner Wünsche.

Sandra hatte den Eindruck, die Zeit in Hanoi vergehe für sie wie im Fluge, was ich bestätigen konnte, denn plötzlich war es Oktober und meine Zeit in Vietnam fast passé.

Andererseits freute ich mich auf die Rückkehr nach Deutschland, denn ich war einige Male zu oft krank geworden und kam zudem auf Dauer nicht mit der Kultur klar. Es gab einfach Unterschiede im täglichen Leben; für Europäer Selbstverständliches existierte nicht immer, so dass schon eine Reihe Abstriche zu machen waren. Man fühlte sich manchmal leider wie ein Außerirdischer. Trotz allem verspürte ich aber auch ein wenig Wehmut, denn ich hatte ein paar gute Freunde und Bekannte, wie auch viele Erinnerungen.

So rückte der Tag meiner Abreise Ende Oktober immer näher. Zwei Tage zuvor, an meinem letzten Arbeitstag, lud mein Chef Kien Aiden und mich zusammen ins Met Pub des Sofitel Metropoles ein. Er bedankte sich für meine Zeit und Arbeit bei ihm. Es war ein netter Abend und eine nette Verabschiedung. Das Met Pub zählt zu den besten Pubs bzw. Kneipen mit internationalem Publikum, welches zum ehrwürdigen Sofitel Metropole im Herzen Hanois gehört.

Kien, als Inhaber nun mal stets beschäftigt, musste bald zurück zu einem Meeting, so dass Aiden und ich allein bei einem Glas zurückblieben. Aiden wollte noch länger in Vietnam verweilen, allerdings zu verbesserten Bezügen. Er zog Saigon in Betracht.

Am nächsten Tag ging ich mit Thang in die Nähe des Roten Flusses zum Abendessen: Fisch, Reis, Gemüse, wobei die Zeit dann doch zu rasch verstrich. Thang hatte inzwischen die Stelle gewechselt und verstand sich langsam auch wieder besser mit seinen Eltern. Mit dem Versprechen wiederzukehren – das ich auch halten sollte – verabschiedete ich mich.

Am nächsten Tag ging´s früh los zum Flughafen. Ich beglich meine Rechnungen im Moonlight Hotel, indem ich trotz der kleinen Ärgernisse bis zum Schluss geblieben bin. Im Taxi ließ ich die Straßen des Altstadtviertels hinter mir, ließ nochmals alles Revue passieren: Geräusche, Gerüche, hupende Mopedfahrer, Verkäufer an den Straßenecken, etliche Nudelsuppenshops. Dann ließ das Auto langsam die Stadt hinter sich, nachdem das Sofitel Plaza und der Westsee links passiert waren.

Ich bin ein Mensch, der Veränderung braucht, und sehe vieles temporär. Deswegen war ich in vieler Hinsicht froh, nach Hause zu fliegen und etwas kühlere Luft einzuatmen. Nichts dauert ewig, und ein Wechsel tut immer gut; so bleibt man flexibel und ist nicht nur an einen Ort gebunden. Manche Leute hängen immer an einem Ort fest, sich nie verändernd. Ich sage immer, jemand, der nie wegging, kann auch nicht empfinden, wie es ist, für eine Zeitlang an einem anderen Ort gelebt zu haben, in eine andere Kultur einzutauchen, einfach zu reisen. Das eröffnet neue Horizonte. Der Vorteil bei meinem Vietnamaufenthalt war zudem, dass ich nicht nur drei Wochen dort verbrachte, wie viele Touristen, sondern ganze sechs Monate. Dies ermöglichte mir einen tieferen Einblick in Kultur und Alltag.

Mein Flug mit Singapore Airlines ging spätvormittags Richtung Singapur, wo ich einen Stopover von drei Tagen machte. Ganz nebenbei bemerkt war der Flug mit Singapore Airlines auf der Hin- und auf der Rückreise ein Traum, denn die Fluggesellschaft ist nach wie vor eine der besten.

Zweite Reise

Zurück im September

Weg in die Moderne

Nach über drei Jahren kehrte ich wieder nach Vietnam zurück, worüber ich froh war. Da ich selber in Hanoi gearbeitet hatte, war mir das Land immer noch bekannt. Erstaunlicherweise hatte sich nicht vieles verändert, jedenfalls nichts Grundlegendes. Traditionen und Kultur waren dieselben, und noch immer knatterten die Motorräder durch die Straßen.

Hanoi hatte mittlerweile vier Millionen Einwohner. Ein Freund sagte mir, dass an einigen Randgebieten neue Hochhäuser entstanden seien, was natürlich überhaupt nicht zur normalen Bauweise in Vietnams gehörte.

Für mich war es wieder einmal schön, vom Flughafen NoiBai ziemlich weit außerhalb an unzähligen Reisfeldern vorbei nach Hanoi zu fahren, dabei Vietnam neu zu erleben und zu entdecken. Man musste sich auf eine neue Kultur einlassen und einfach in das Leben dort eintauchen. Gerüche, das Hupen der Mopeds, wunderschöne Landschaft.

Das Altstadtviertel in Hanoi war unverändert, Geschäfte und Restaurants wechselten nach wie vor manchmal monatlich den Besitzer, zudem bekam man immer noch für ca. zehn US-Dollar ein nettes Zimmer in einem Guesthouse. Immer wieder schön war es, in der Bao-Khan-Straße in einem Café zu sitzen und das Straßenleben von einem Balkon im zweiten oder dritten Stock zu beobachten.
Ich klapperte auch die Sehenswürdigkeiten ab, Hoan-Kiem-See, Einsäulenpagode, Ho-Chi-Minh-Mausoleum, genoss den Sonnenuntergang am Westsee, eine Phö (Nudelsuppe) in einem Straßenrestaurant, einen Cocktail im 20. Stock in der Summit Lunge des Sofitels Plaza, bei einem tollen Blick über die Stadt und den Truc-Bac-See. Ebenfalls zu empfehlen: Cyclo Bar in der Duong-Thanh-Straße, hier saß

man beim Genuss französischer und vietnamesischer Küche in einem typischen Cyclo.

Meinen vietnamesischer Freund Nguyen Son störte die wachsende Aggressivität der Leute und die mangelhafte Erziehung vieler Kinder, so dass einige auf die schiefe Bahn gerieten, Drogen nahmen und sich schlecht in die Gesellschaft einfanden. Störend und lästig war es allemal, fortwährend von ambulanten Händlern angesprochen zu werden, die mittlweile außerordentliche Hartnäckigkeit bewiesen. Dies passierte meist im Altstadtviertel. Tipp: am besten ignorieren und weiterlaufen.

Nguyen Son hatte auch bemängelt, dass Vietnam zu modern werden könnte. Traditionen müssten schließlich Bestand haben, auch in Zukunft, da wären neue Gebäude oder Einkaufszentren fehl am Platz. Ich stimmte ihm zu, denn deswegen war mir Hanoi um einiges sympathischer als Saigon.

Aber trotz dieser kleinen Veränderungen bestand nach wie vor eine enge Familienbindung bei den meisten Vietnamesen, und es war gut erkennbar, dass sich das Land nicht zu stark verändert hatte. Obwohl Hanoi eine Millionenstadt ist, kam man sich immer noch vor wie in einem Dorf. Der Charme der Stadt war nach wie vor da, der Hanoi zu einer der schönsten Städte in Südostasien erhob (Luang Prabang natürlich nicht zu vergleichen).

Die Zeit in Vietnam war diesmal kurz. Zehn Tage waren nicht zu lange, aber ausreichend, um zu sagen, dass es nicht mein letzter Aufenthalt dort war. Sehr nett, alte Bekannte und Freunde zu sehen, auf der Straße noch von Reiseführern von damals erkannt und begrüßt zu werden. Oder einen frischen Saft zu trinken und das Leben in Hanoi zu genießen, den alten Chef und das Büro zu sehen, durch das Land zu reisen. Klar, Vietnam ist kein einfaches Reiseland, aber jeden Tag muss man neu anfangen und von Null beginnen. Reisende in Vietnam haben etwas zu erzählen, außerdem bleiben Küche, Landschaft und Menschen in Erinnerung.

Ich überlege mir momentan sogar, dort wieder länger zu leben. Mal sehen, was so wird, es gilt, die Sache abzuwägen. Ich kann nur jedem empfehlen, sich selber ein Bild zu machen: einmal nach Vietnam zu reisen.

Bei meiner zweiten, zehntägigen Reise nach Vietnam unternahm ich u.a. einen Ausflug zur Parfümpagode. Das einzig Störende dort war mittlerweile eine Seilbahn, die Besucher von den Restaurants am Fluss fast zur Pagode beförderte. Sie war nicht nur unnötig, sondern auch ein Schandfleck in der Natur. Außerdem kam nichts dem Zauber der einstündigen Bergbesteigung nahe. Aber trotz allem lohnt die Parfümpagode natürlich einen Ausflug.

Tam Coc war ebenfalls wunderschön, hatte sich seit dem letzten Mal nicht verändert, auch wenn es ebenfalls zum Massentourismusziel verkam.

Eine allgemeine Beobachtung: Die Preise für Touren waren gestiegen, allerdings nicht übermäßig. Waren für die Parfümpagode vor vier Jahren noch dreizehn US-Dollar hinzublättern, so legte ich nun siebzehn dafür hin. Ebenso verhielt es sich bei Tam Coc. Zwei Tage in der Halong-Bucht mit Übernachtung an Bord kamen bei ODC Travel auf 52 US-Dollar pro Person (früher 32). Aber da der Dollarkurs gut für uns stand, war das zu verschmerzen.

Ich war im September in Vietnam, abseits der Hochsaison, so dass sich die Anzahl der Touristen zum Glück in Grenzen hielt. Trotzdem hoffte ich, dass das Land auch künftig nicht durch Massentourismus zerstört werden würde. An den Stränden wurde nun schon vieles zubetoniert, und selbst in Mai Chau gab es eine Lodge. Nicht schlecht, solange der Bau neuer Gebäude im Rahmen blieb. Die Regierung behielt sich nach wie vor das Recht vor, die Zahl der Touristen einzuschränken, damit sich nicht zu viele gleichzeitig im Land aufhielten.

An einem anderen Tag besuchte ich mit Thang das Keramikdorf in Bat Trang nahe Hanois, wo ich auch auf Heike stieß, die nun in Vietnam lebt und ein Buch verfassen will. Mir hatte der Abend am Truc Bac See gut gefallen mit Bia Hanoi.

Mein Urlaub verlief sehr harmonisch. Eines meiner besten Erlebnisse war, mit Son auf dem Motorrad abends wie wild durch Hanoi zu düsen und einfach den Wind auf meinem Gesicht zu spüren – eine Art Easy Rider Gefühl – sich jung und glücklich zu fühlen – ein Gefühl zu haben, dass gar nichts schiefgehen konnte, ab und zu einen vietnamesischen Kaffee mit Eis und Kondensmilch zu trinken, Creme Caramel zu essen (gewusst wo in Hanoi, danke Son, für die nette Zeit) und dann weiterzufahren. Ich habe einen meiner schönsten Sonnenuntergänge am Westsee gesehen, wunderschön, ein roter Feuerball, hätte dort stundenlang verweilen können, einfach den Moment genießend. Immer wieder erstaunlich, wie schnell die Sonne in Asien unterging.

Halong-Bucht

Was wäre der Norden Vietnams ohne die Halongbucht? Natürlich besuchte ich sie auch bei meinem zweiten Aufenthalt in Vietnam. Dabei hatte ich ein bisschen Glück, denn in der Bucht herrschte wieder Sonnenschein.

Ich kann nach wie vor ODC Travel empfehlen, 52 US-Dollar pro Person in der Doppelkabine waren nicht zu viel, Service und Essen hingegen ausgezeichnet. Außerdem hatten die (vergrößerten) Kabinen nun Klimaanlagen. Eine solche Dschunke kostete übrigens 130.000 Euro. Die Halong-Bucht war nach wie vor mein Favorit in Vietnam, unschlagbar, zauberhaft, mystisch und einmalig schön. Ich hatte mich bestens erholt und ein unvergessliches Wochenende dort erlebt. Sonnenbaden an Deck, wir hatten einen tragbaren Player dabei, aus dem instrumentale, meditative Musik erklang, während wir durch die Bucht schipperten. Es wehte ein wenig Wind, was die Hitze etwas erträglicher machte. Komischerweise sah ich immer wieder Urlauber, mit denen ich vor ein paar Tagen schon eine Tour gemacht hatte, kleine Welt eben.

Gab es etwas Besseres, als die Nacht auf der Dschunke zu verbringen, Fisch zu essen, auf Deck den Mond über der Bucht zu sehen? Ich denke nicht. Romantik, Sternenhimmel und ein Gefühl von Harmonie. Am nächsten Tag schwamm ich natürlich nach dem Sonnenaufgang gleich im grünen Wasser der Bucht, so dasss der Tag gut beginnen konnte.

Die Höhle sieht nach wie vor schön aus. Vor Jahren gab es allerdings keine Beleuchtung, sondern man besichtigte sie mit der Taschenlampe, wie mir Son erzählte.

Malerische Landschaft mit einigen Dschunken in der Halong-Bucht

Restauranttipps Hanoi

Cyclo Bar, 38 Duong Thanh Street, Tel.: 828 68 44
Restaurant mit kleinem Garten. Originelle Sitzgelegenheiten sind Cyclos, also Fahrräder. Französische und vietnamesiche Gerichte. Mittleres Preisniveau

Baguette et Chocolat, 11 Cha Ca Street, Tel.: 923 15 00
Nettes Restaurant, französische Küche. Mittleres Preisniveau

Café des Arts, 11 Bao Khanh Street, Tel.: 828 72 07
Nettes Restaurant im Altstadtviertel mit guter französischer Küche und rustikaler Einrichtung. Oberes Preisniveau

Cha Ca La Vong, 14 Cha Ca Street, kein Telefon
Serviert nur ein Gericht, nämlich Cha Ca aus Fisch, Gemüse und sonstigen Zutaten Seit Generationen dort serviert. Ein Muss. Mittleres Preisniveau

Nam Phuong, 19 Phan Chu Trinh Street, Tel.: 824 09 26
Gutes vietnamesisches Lokal, gehobene Ausstattung, angenehme Hintergrundmusik und hervorragende Küche. Oberes Preisniveau, höchst empfehlenswert.

Seasons from Hanoi, 95 B Quanh Thanh Street, Tel.: 843 54 44
In einer alten Kolonialvilla. Hier kann man mit Stil vietnamesische Köstlichkeiten geniessen. Oberes Preisniveau.

Com Viet, 13 Ly Thai Tho, Tel.: 824 06 37
Sehr schönes Loka auf zwei Etagen, elegant und opulent eingerichtet. Sehr gute Küche, vietnamesische Gerichte. Mittleres bis oberes Preisniveau

Tamarind Café, 80 Ma May Street, Tel.: 926 05 80
Legeres Café und vegetarisches Restaurant in der Altstadt, hausgemachte Säfte und Kissen, die zum Verweilen einladen. Außerdem gibt´s hier viele Bücher und eine Reiseagentur. Mittleres Preisniveau

Little Hanoi, 14 und 25 Ta Hien Street, Tel.: 926 01 68
Nettes, urgemütliches Restaurant mit dezentem Licht. Preiswerte gute und schmackhafte vietnamesische Gerichte. Empfehlenswert sind z.B. die Frühlingsrollen. Unteres Preisniveau

Luna D'Autumno, Dien Bien Phu Street, 823 73 38
Gemütliches Restaurant unter italienischer Leitung, gute Pasta und Pizza. Erlesene Weinkarte. Oberes Preisniveau

Mediterraneo Restaurant, 23 Nha Tho Street, 826 62 88
Nettes italienisches Restaurant mit hervorragenden Gerichten nahe der Kathedrale und einigen Sitzen vor dem Lokal. Mittleres Preisniveau.

Bars und Kneipen:
Gecko Bar, 14 Bao Khanh Street, 928 61 25
Nette Kneipe, am Wochenende immer randvoll mit Expats und Vietnamesen.

69 Bar, 69 Ma May Street, 926 04 52
Fast schon Kult, Kneipe in rustikaler Einrichtung, auch kleine Gerichte.

Summit Lounge, 20. Stock, Sofitel Plaza, 1 Thanh Nien Street, Tel.: 823 88 88
Bar des Sofitel Plazas am Westsee mit dem besten Blick über Hanoi. Wundervolle Sonnenuntergänge vom Außenbalkon.

Bobby Chinn, 1 Ba Trieu Straße, Tel.: 934 85 78
Trendige Bar mit ebensolchen Preisen (in US Dollar), in welcher man sämtliche Cocktails bekommt.

Freizeittipps

Yoga in Hanoi
Der neueste Trend in Vietnams Hauptstadt
Yoga heißt das Stichwort für Wellness, was den neuesten Trend in Vietnam beschreibt. Kirsten Yong hat chinesische Medizin studiert und praktiziert seit über 20 Jahren Yoga. In ihrem Studio am malerisch gelegenen Westsee erteilt sie private Yogastunden in entspannter Atmosphäre. Darüber hinaus werden immer wieder Yoga-Events in freier Natur inklusive Transfer und Verpflegung angeboten.

Kirsten Yong
Tel.: +84 090 422 2248
Kirsten@yoga-hanoi.com
www.yoga-hanoi.com

Housebeats im abgefahrensten Club der Stadt
Legere Atmosphäre für Drinks mit dem besten Blick über die Stadt
„Apocalypse Now“ ist der Hotspot unter Vietnams Jugendlichen und Twens; hier trifft das Motto „leben und leben lassen“ zu. Die neuesten Charthits werden hier genauso wie alternative Housemusik rauf und runter gespielt. Leger-chice Atmosphäre. An der langen Bar die üblichen Drinks.

Apocalypse Now
25 C Hoa Ma
Hai Ba Trung District
Hanoi
Tel.: +84 4 971 2783

Antiquitäten ethnischer Minderheiten

Die Galerie am Truc-Bac-See entwickelte sich unter liebevoller Führung binnen kürzester Zeit zu einer guten Adresse für Kunstinteressierte in Hanoi. Man sollte alle drei Stockwerke anschauen, nicht nur zum Kaufen, sondern um einfach die Neugier zu stillen.

Diese Galerie ist die einzige in ganz Vietnam, die sich auf Objekte ethnischer Minderheiten verlegt hat. Es werden geführte Touren angeboten. Meist ist auch die Mitbesitzerin Nguyen Thin Nhung anwesend, die als eine der versiertesten Verkäufer solcher Waren in Hanoi gilt.

Alle Produkte sind zum Export zertifiziert und werden auf Wunsch weltweit verschifft.

Galerie am Truc-Bac-See
Öffnungszeiten: täglich 10-18 Uhr
54 Traditions Gallery
30 PHo Hang Bun
Truc Bach
Tel.: +84 4 715 0194
www.54traditions.com

Cocktails in der Summit Lounge

Dieses Lokal ist der Trendspot schlechthin. Von hier bietet sich der beste Blick über Hanoi. Man überblickt Westsee und Truc-Bac-See. In ungezwungener Atmosphäre gibt's z.B. „Mudwater“ oder „Mai Thai“.

Ab 20.30 Uhr spielt eine Liveband ruhigen Jazz und Lounge-Musik. Möchte man nicht auf der Dachterrasse sitzen, so nehme man auf einem der bequemen Sessel im Innenraum Platz.

Öffnungszeiten: täglich von 16:30 Uhr bis Mitternacht.

Summit Lounge
20. Etage des Sofitel Plaza
1 Thanh Nien Road
Ba Dinh District
Hanoi
Tel.: +84 4 823 8888

resvn@sofitelplazahn.com.vn
http://www.sofitel.com/sofitel/fichehotel/gb/sof/3553/fiche_restaurant.shtml

Vietnamesisch kochen – Kochkurs am Westsee
Wer mal hinter die Kulissen der vietnamesischen (Koch-)Kultur schauen will, dabei am besten noch selber aktiv werden, ist bei „Hidden Hanoi" genau richtig. In dem vietnamesischen Sprach-, Kultur- und kulinarischen Zentrum bereitet man in drei Stunden leckere vietnamesische Gerichte unter freundlicher Anleitung zu. Verschiedene Speisen stehen zur Auswahl, darunter auch vegetarische oder solche mit Fisch.

Hidden Hanoi
Termine: Montag bis Samstag
Mindestteilnehmerzahl: 3 Personen
Preis: 35 US-Dollar
137 Nghi Tam
Tay Ho (Westsee)
Hanoi
Tel.: +84- 091-2254045
info@hiddenhanoi.com.vn
www.hiddenhanoi.com.vn/cookingclasses

Fußballfieber in Vietnam
Junge Vietnamesen lieben Fußball
Das Fußballfieber ist längst in Vietnam ausgebrochen, und zwar nicht erst seit der letzten Weltmeisterschaft. Danach zog der Trend aber noch mal an. So entwickelte sich Fußball unter den Vietnamesen mittlerweile zur Trendsportart Nr. 1.
Wer während eines Aufenthaltes in Hanoi spielen möchte, wende sich an folgenden Verein: hanoiminskfc@gmail.com.
Man findet verschiedene Plätze, einige davon lediglich Hartplätze, für Vietnamesen oder auch Touristen bzw. in Vietnam lebende Ausländer, die meisten in der Nähe des Westsees.
www.squeakieice.com/hanoi_minsk_football_club
www.thanglong-fc.org, http://en.wikipedia.org/wiki/My_Dinh_National_Stadium

Keramikdorf
Alles, was man aus Ton herstellen kann
10 Kilometer südöstlich von Hanoi liegt das „Keramikdorf" Bat Trang am Roten See, 10 km südöstlich von Hanoi. Es ist seit vielen Jahren durch seine Keramikproduktion berühmt. Im Dorf selber werden traditionelle Keramikprodukte wie Vasen, Teller und andere Gefäße hergestellt. Man kann zuschauen, wie die einzel-

Tongefäße im Handwerkdorf Bat Trang bei Hanoi

nen Produkte aus Lehm und Ton verarbeitet werden und hat im Anschluss Gelegenheit, einige Gefäße zu einem wirklichen Schnäppchenpreis zu erwerben.

II Humlet
Bat Trang Village
Gia Lam Dist
Hanoi
Vietnam
Tel.: +84-4-8740501
sales@gomsubattrang.com
www.gomsubattrang.com/battrang.htm

Salsa Vietnam – Latin Dance in Südostasien

Salsa ist dank einiger Expatriates nun auch in Südostasien auf dem Vormarsch und kommt bei den Einheimischen ebenfalls gut an. In Hanoi werden an unterschiedlichen Wochentagen in verschiedenen Örtlichkeiten Salsa-Kurse angeboten, so dass man dort das Tanzbein zu südamerikanischen Rhythmen schwingen kann. Durch die gute Belüftung auch einigermaßen rauchfrei.

Viele Salsabegeisterte nehmen vorher in der Bar La Salsa in Nha Tho nahe der Kathedrale einige Tapas zu sich (der Eigentümer ist spanischer Herkunft) und gehen anschließend ins Nutz Pub des neuerbauten Sheraton Hotels am Westsee. Gleichermaßen bei Vietnamesen und hier lebenden Ausländern beliebt.

„La Salsa“ (nahe Nha Tho Straße)
Tel.: +84-4-8289052
lasalsa@lasalsa-hanoi.com
www.lasalsa-hanoi.com

Mittwochs und abends: Salsakurse und Tanz im „Nutz Pub“ des Sheraton Hotels am Westsee.
Sheraton Hotel
K5 Nghi Tam
11 Xuan Dieu Road
Tay Ho District
Hanoi
Tel.: +84-4- 719-9000
ly@salsapower.com
Kontakt zu Phan Y Ly, einer jungen Vietnamesin
www.salsapower.com/cities/vietnam_hanoi.html

24 Stunden in Hanoi: Ein Tourprogramm:

Ein Tag in Hanoi – Vorschlag für ein Tourprogramm

Taichi am Morgen (07:30)
Vor dem Frühstück geht es bereits los, mit dem traditionellen Frühsport der Vietnamesen: Tai Chi, ausgeübt rund um den Hoan-Kiem-See, dem Herzen Hanois. Man gesellt sich zu etlichen Vietnamesen, die täglich, ab den frühen Morgenstunden diesen Sport zur Gesundheitsstärkung ausüben und dadurch eine gelassenere Lebenseinstellung erwerben.
„Le Thai To“, rund um den See Hoan Kiem im Zentrum Hanois.

Frühstück vietnamesisch oder westlich (09:00)
Man stärkt sich für den kommenden Tag am besten im „Café au Lac“ in Hanoi. Es bietet alles, was das Herz begehrt – herzhafte Croissants, Baguettes, vietnamesische Suppen, Obst. Ferner hat man die Wahl zwischen Kaffeesorten und frischen Säften. Frühstücksgelegenheiten sowohl auf der Terrasse als auch im Innenraum. Von den Sitzen aus lässt sich das Treiben in der benachbarten Straße betrachten und der Tag in aller Ruhe beginnen.
„Café Au Lac“, 57 Ly Thai To, Tel.: +84-4-825 7807

Stadterkundung per Moped (10:30)
Nun steht eine kleine Mopedtour durch die Stadt auf dem Programm, denn damit entdeckt man Hanoi auf eigene Faust am besten. Los geht's Richtung Westsee, Literaturtempel und kleinen Parks.
Mopeds und Motorrads zu mieten: Hinterhof f36 Nguyen Huu Huan,
Hoan Kiem District, Hanoi, Tel.: +84 49 045 049
Kosten: 12 USD am Tag
www.offroadvietnam.com/eng/18.php

Luftiger Ausblick vom Café „Pho Co" (13:00)
Ein wirklicher Geheimtipp in Hanoi! Wer es nicht kennt, würde wohl nur den kleinen Antiquitätenladen betreten, ohne zu ahnen, dass sich dahinter eines der schönsten Cafés Hanois verbirgt. Man marschiert einfach durch den Laden hindurch, und befindet sich dann in einem ruhigen Patio, fernab der Hektik Hanois. Wer die Treppen hinaufsteigt, genießt als Belohnung einen tollen Blick über Hanoi und den Hoan-Kiem-See. Hier lässt man in aller Ruhe die Seele baumeln, bei einem Kaffee oder einem der vielen Fruchtsäfte.
„Pho Co", 11 Hang Gai, Tel.: +84-4-8285080

Massage zur Entspannung (15:00)
„Hong Mau Don" zählt zu den besten Massagesalons Hanois. Gerade nach einem ausgiebigen Spaziergang durch das Altstadtviertel oder einfach zur Entspannung genießt man hier in legerer Atmosphäre in klimatisierten Räumen eine entspannende Fußmassage.
„Hong Mau Don Fußmassage",
5 Le Duan, geöffnet täglich von 11-23 hr.
Tel.: +84-4 733-3139
Preis für eine Stunde: 10 US-Dollar.

Sonnenuntergang am Westsee (17:30)
Vom Literaturtempel ist es nicht weit zum Westsee, wo junge Pärchen flanieren, Eis essen oder alte Männer Schach spielen. Eine beliebte Adresse ist das „Highland Coffee" zum Eisessen oder Kaffeetrinken. Zur Auswahl stehen die Außenterrasse im ersten Stock und die Außenplattform. Der Sonnenuntergang, meist in Gestalt eines roten Feuerballs ist dort ein besonderes Erlebnis.
„Highland Coffee", 34 Duong Thanh Nien, auf einer schwimmenden festen Plattform am Westsee, gegenüber des Truc-Bac-Sees.

Genussvolles Abendessen (19:00)
Ein Tag voller neuer Eindrücke macht bekanntlich Hunger, der sich am besten in etwas gehobener, gemütlicher, legerer Atmosphäre im vietnamesischen Restaurant Nam Phuong stillen lässt. Hier speist man Erlesenes aus Nord- und Südvietnam

wie etwa Frühlingsrollen, diverse Meeresfrüchte in Kokosmilch, Gemüse, dazu Wein aus Dalat oder auch ein Pinot Noir aus Frankreich. Das Lokal ist in dezentem Licht gehalten, und man wird aufmerksam bedient. Die begehrtesten Plätze befinden sich im Erdgeschoss, da im ersten Stock die Liveband spielt, und zwar nicht immer leise. Tipp: Die Creme Caramel als Dessert ist ein Traum.
„Nam Phuong", 19 Phan Chu Trinh, Tel.: +84-4-8240926, Reservierung empfohlen.

Entspannung im Highway 4 (22:00)
Wer etwas Besonderes sucht, keine gewöhnliche Bar oder Kneipe, statte dem „Highway 4" einen Besuch ab. Nur wenige Gehminuten vom Altstadtviertel probiert man hier auf verschiedenen Ebenen ganz locker verschiedene, mehr oder minder starke vietnamesische Liköre, Schnäpse oder einfach auch lokale und importierte Biersorten bei Snacks und kleinen Speisen. Die lockere Atmosphäre auf bequemen Kissen ohne Schuhe ist bei Vietnamesen und Expats beliebt. Tipp: Auf der obersten Dachterrasse mal einen Ming Ming, einen vietnamesischen Likör, zu sich nehmen und dabei zurücklehnen.

Highway, 11 Hang Tre,
Tel: +84-4-9260639
ganztägig geöffnet.
www.highway4.com/en/locations/hangtre.html

Nützliche Adressen

Informationen über Laos

Laos ist das dünnstbesiedelste Land Indochinas. Berge, Dschungel und urtümlicher Regenwald dominieren die Landschaft, außerdem natürlich der Mekong, der auf einer Länge von 1800 km entlang der westlichen Landesgrenze fließt.
Als eine festüberzeugte buddhistische Nation hat sich Laos geöffnet, um Reisenden die Gelegenheit zu geben, die Vielfalt, Tradition und naturelle Schönheit des Landes zu erleben. Sie gewinnen einen Einblick in asiatisches Leben, wie es einst gewesen sein mag.
Wen nach einem „leicht zu bereisenden Touristenziel" strebt, erlebt Laos in all seiner majestätischen Schönheit. Ursprünglich in fast jedem Aspekt, ist Laos eine der am wenigsten entwickelten Nationen Südostasiens, die dem Abenteuerreisenden ein Land voller Überraschungen bietet. Ich hoffe nur, dass der aufkommende Tourismus das Land nicht zu arg verschandelt.

Visum, Ankunft, Abflug und Flughafensteuer
Touristen benötigen ein Visum zur Einreise nach Laos. Je nach Wunsch beantrage man es bei der laotischen *Botschaft* (erforderlich: Pass, zwei Passfotos) oder erwerbe es am *Flughafen* von Pakse, Luang Prabang oder Vientiane. Wer auf dem Landweg von Vietnam, Kambodscha oder Thailand einreist, hat an der Grenze bereits ein Visum vorzuweisen.

Gültigkeit: 15 Tage   Kosten: 30 USD
Verlängerung: nur in Vientiane möglich

Ankunft mit dem Flugzeug: Der laotische Hauptflughafen ist Vattay International Airport in Vientiane, der Hauptstadt. Im Moment fliegen sie folgende Fluggesellschaften an: Lao Aviation, Thai Airways International, Vietnam Airlines, Southern China Airlines, Silk Air, Malaysian Airlines. Regelmäßig starten Flüge dorthin von Bangkok, Phnom Penh, Ho Chi Minh Stadt, Hanoi, Chiang Mai, Kunming, Kuala Lumpur und Singapore.

Ankunft auf dem Landweg: Die Einreise nach Laos von den Nachbarstaaten ist möglich. Von Thailand aus lässt die Grenze bei Houeixay (Provinz Bokeo) überqueren, ebenso über die Freundschaftsbrücke in Mittaphab (nahe Vientianes), von der Provinz Dan Savannakhet aus und über die Thai-Laos Freundschaftsbrücke (Provinz Nong Khai).

Internationale Abflugsteuer 10 USD.

Geld

Die amtliche Währung in Laos heißt *Kip*. Banknoten erhält man in den Werten 100, 500, 1000, 2000 und 5000. Alle Hauptwährungen, besonders US-Dollar und thailändische Baht, werden problemlos in allen Banken umgetauscht. In Luang Prabang und Vientiane bieten zahlreiche autorisierte Wechselstuben günstige Kurse. Geldwechsel ist auch am Wattay-Flughafen (Vientiane) möglich.

Wechselstuben Banken tauschen Reiseschecks in die geläufigen Währungen. In den meisten nationalen und internationalen Banken in Vientiane lässt sich Geld mit Kreditkarten abheben; sie sind auch in vielen Restaurants und Hotels gängig. Bei einer Reise in eine eher abgelegene Gegend lohnt sich ein guter Vorrat an Kip.

Momentaner Wechselkurs: 1 USD = 9.500 Kip

Nicht vergessen: Der laotische Kip lässt sich im Ausland nicht umtauschen!

Kleidung

Die Kleidung hängt stark von Geschlecht und Alter ab. Im allgemeinen tragen Laotinnen Röcke, Blusen und Schals aus Seide, wenn sie an wichtigen Zeremonien teilnehmen. Männer kleiden sich dann mit einem Sarong oder lange Hosen.

Besucher sollten leichte, komfortable, leicht waschbare Kleidung wählen. Da die Wintermonate und die Regensaison im Herzen des Landes ggf. mit Kälte einhergehen, empfehlen sich Pullover oder leichte Jacke.

Für die Füße: gute Wanderschuhe und Sandalen, die leicht ausgezogen werden können, besonders beim Eintritt in Tempel oder Häuser.

Klima

In Laos herrschen *drei Jahreszeiten*. Auf die Monsunperiode von Mai bis November folgt von November bis März die Trockenperiode. Von März bis zum herannahenden Monsun erlebt das Land die heißeste Zeit.

Die beste Zeit zum Urlaub in Laos liegt zwischen November und Februar, wenn die Chancen auf einen heftigen Regenguss geringer und die Temperaturen angenehmer sind.

WETTERKARTE

Monat	Vientiane *d. Temp.	Regen (mm)	Luang Prabang d. Temp.	Regen (mm)	Savannakhet d. Temp.	Regen (mm)
JAN	12/27	10	12/27	10	12/27	5
FEB	15/30	20	14/32	15	14/32	15
MAR	19/32	30	17/34	25	17/34	20
APR	25/34	100	22/35	100	22/35	80
MAI	25/32	280	22/35	170	22/35	205
JUNI	26/33	300	23/34	165	24/33	230
JULI	26/33	280	23/32	230	22/31	280
AUG	26/33	290	23/32	300	23/30	275
SEPT	26/33	300	23/33	170	23/30	280
OKT	23/30	100	22/31	50	22/31	60
NOV	18/28	20	18/28	20	18/28	30
DEZ	17/27	10	17/27	10	17/27	5

(* durchschnittliche Temperatur)

Sicherheit

Reisen in Laos ist im Allgemeinen sehr sicher. Die Mehrheit der Hotels hat entweder einen Safe am Empfang oder auf dem Zimmer oder beides.
Nur um tatsächlich auf der sicheren Seite zu sein, benutze man beim Aufenthalt in Laos seinen gesunden Menschenverstand. Bedenken hinsichtlich kommunistischer Guerillas, die zwischen Luang Prabang und Vang Vieng operieren, sind angebracht, aber Übergriffe auf Touristen finden so gut wie gar nicht statt.

Küche

Traditionelles laotisches Essen ist nüchtern, scharf und ein wahrer Genuss. Die häufigsten Zutaten sind Zitronensaft, Zitronengras und Koriander. Gespeist wird überwiegend frisches Gemüse und Fisch (Süßwasserfisch, da Laos nicht ans Meer grenzt). Andere beliebte Fleischgerichte enthalten Huhn, Ente, Schwein und Rind.
Laotisches Essen wird traditionell mit *Klebreis* serviert. Auf dem Land speisen die Leute gemeinsam, während sie auf der Erde sitzen und die Mahlzeiten teilen.
Üblich ist *Laap,* ein traditionelles Essen aus gehacktem Hühner- oder Entenfleisch, gemischt mit Zitronensaft, Knoblauch, Chili, und Brühe mit ungekochten Reiskörnern (gefroren und dann zerdrückt). Laap wird normalerweise zusammen mit rohem Gemüse und Klebreis verzehrt.
Ein anderes beliebtes Gericht ist *Tam Mak Houng:* Salat aus rohen Papayastreifen, Knoblauch, Chili, Erdnüssen, Zucker, vergorener Fischsoße und Zitronensaft. Angeblich verdammt scharf!

Gegrilltes *Som Moo* schmeckt ebenfalls köstlich. Som Moo (vergorene Schweinewurst) wird oft in vietnamesischem Stil zubereitet. Bekannt als *Näm Nuang,* wird es mit durchsichtigen Reispapierfladen, dünnen Nudeln, vielen Kräutern, Gemüse, Salatblättern und Soße serviert. Die grundlegende Idee dabei ist, mit allen diesen Zutaten seine eigene Frühlingsrolle zu kreieren.

Menschen, Sprache

Laos hat im Moment rund fünf Millionen Einwohner, 85 Prozent davon noch immer in ländlichen Regionen.

Die Bevölkerung unterscheidet sich in vier Gruppen: Die *Lao Loum* (50%), *Lao Theung* (25%), *Lao Thai* (ca. 15%) und *Lao Sung* (10%). Als größter Unterschied lässt sich die Region anführen. Lao Luom bedeutet z.B. „Niedrig Lao“ und bezieht sich auf die einstigen Bewohner des Mekongtales. Lao Theung kann mit „Hochland Lao“ übersetzt werden, Lao Sung hingegen mit „Bergland Lao“. Es existieren allerdings viele Untergruppen innerhalb einer Bevölkerungsgruppe, besonders bei den Hochland- und Bergbewohnern.

Die offiziell gesprochene Sprache in Laos ist *Laotisch* oder *Lao.* Die vier großen ethnischen Gruppen des Landes sprechen verschiedene Dialekte, von denen die meisten zum sprachlichen Gemeingut gehören.

Die Lao-Sprache gehört zur Gruppe der *Taisprache*, manchmal auch als *Tai-Kadai* oder *Kadai* bezeichnet. Thailändisch wird in Laos gut verstanden, da die laotische Bevölkerung thailändisches Fernsehen sieht und Radio hört.

Einige wenige Teile der Bevölkerung sprechen Französisch, Englisch, Russisch und Chinesisch. Generell können Ältere vielleicht ein bisschen Französisch, Jüngere eventuell Englisch oder Russisch.

Gesetzliche Feiertage

Laos hat zahlreiche religiöse und kulturelle Feste. Hier einige der wichtigsten:

Sikhottabong-Fest (Februar)

Religiöses Fest, gefeiert in der Region Khammouan, an Sikhottabong.

Wat Phu (Februar)

Begangen zum Vollmond im dritten Monat des Mondkalenders, in den Anlagen des bezaubernden vorankorianischen Tempels Wat Phu in Champasak. Die Festlichkeiten beinhalten Elefantenrennen, Büffel- und Hahnenkämpfe, wie auch Aufführungen traditioneller laotischer Musik und laotischer Tänze.

Neujahr (April)
Das laotische Neujahr oder Pi Mai Lao findet normalerweise im April statt. Es ist Laos' größter Feiertag, an dem das ganze Land feiert. Die Menschen entfernen zu diesem Anlass die Buddhastatuen aus den Tempeln, um sie zu salben und mit parfümiertem Wasser zu säubern. Anschließend folgen Straßenpartys, wo sich ausnahmslos alle gegenseitig mit Wasser übergießen: Ein wesentlicher Akt der Reinigung in Vorfreude auf das Ende der Trockenzeit.

Vientianisches Bootrennen
Im Morgengrauen finden Spenden und Opfergaben überall in den Tempeln der Stadt statt, am Abend Lichterprozessionen um die Tempel herum. Hunderte von Kerzen und Weihrauch werden dabei als Danksagung auf dem Mekong ausgesetzt. Am nächsten Tag findet ein spannendes Bootrennen auf dem Fluss statt.

That Luang (November)
Religiöses Fest, abgehalten in und um die großartige That-Luang-Stupa. Hunderte Mönche versammeln sich, um Almosen und Blumenopfer von den Menschen entgegenzunehmen. Das Fest beinhaltet am Tag eine Handelsmesse mit laotischen Produkten und ein großes Feuerwerk in der Nacht.

Post und Telekommunikation, Geschäftszeiten
Die *Hauptpost* in Vientiane liegt neben dem Morgenmarkt. Normaler Postservice ist nicht teuer, dafür aber generell verlässlich. Bei dringender oder wertvoller Post (egal ob von oder nach Laos) empfehlen sich EMS oder Courier Service.
GPO bietet öffentliche Telefonapparate für örtliche, landesweite oder internationale Telefonate. Telefonkabinen für Telefonkarten (in bestimmten Läden erhältlich) stehen für nationale und internationale Gespräche zur Verfügung. Die meisten Hotels haben IDD-Zugang, über den Anrufe jedoch viel kosten.
Ländertelefoncode: 856.
Zu Telefonaten ins Ausland wähle man 00 wie bei uns.

In den letzten Jahren eröffneten viele Internetcafés ihre Pforten, darunter auch die PlaNet-Kette in Vientiane und Luang Prabang.
Geschäftszeiten der Regierungsbüros:
8.00–17.00 Uhr, geschlossen zwischen 11.00 Uhr und 14.00 Uhr.
Private Büros und andere Geschäfte haben meistens länger geöffnet.

Informationen über Kambodscha

Der Name Kambodscha leitet sich vom Wort „Kambuja“ ab, was soviel bedeutet wie „Söhne von Kambu“. Der Legende nach heiratete ein Asket der Kambu die himmlische Nymphe Mera und gründete das Königreich von Chenla. Das benachbarte Königreich Funan, der erste hinduistische Einfluss in Südostasien, wurde vom Chenla-Reich im sechsten Jahrhundert erobert. Das war der eigentliche Beginn des großen Reiches der Khmer, der Schöpfer des Angkor-Tempelkomplexes.
In Angkor findet man zahlreiche religiöse Bauwerke der Khmer aus dem 9. und 13. Jahrhundert. Insgesamt währte die Khmer-Zeit etwa 600 Jahre. 1431 wurde Angkor Wat aufgegeben, um in Pnom Penh die Hauptstadt zu gründen. Mitte des 19. Jahrhunderts kolonialisierten die Franzosen das Land, und erst 1953 erhielt Kambodscha seine Unabhängigkeit, als König Norodom Sihanouk Staatsoberhaupt wurde.
Die dunkelste Periode des Landes erlebten die Kambodschaner in den 70er Jahren, als General Lon Nol erfolgreich einen Staatsputsch inszenierte und den König aus seinem Amt drängte. Als 1975, nach einem bitteren Bürgerkrieg, die fanatischen Roten Khmer mit dem unbeliebten Pol Pot die Macht übernahmen, wurde das Land auf das „Jahr Null“ zurückgestellt. Während der vierjährigen Schreckensherrschaft starben tausende Intellektuelle, und mehr als eine Million Kambodschaner wurde grausam gefoltert und ermordet. 1979 schließlich wurde das Regime abgesetzt. Dank der großartigen Ruinen von Angkor, der Entschlossenheit und dem Geist der Menschen sieht die Zukunft des Landes heller aus als jemals zuvor.

Visum
Flugpassagiere haben die Chance, bei ihrer Ankunft in Pochentong und Siem Reap auf dem Flughafen ein Visum für einen Monat zu erwerben. Reisenden, die über Land von Thailand über Poi Pet, die Provinz Banteay Meanchey oder die Provinz Kok Kong ankommen, sei jedoch angeraten, ein Visum im Voraus zu besorgen. Wer über Land von Laos und Vietnam einreist, muss ein Visum vorlegen.

Mit dem Visumsantrag reiche man zwei Passfotos ein.
Touristenvisum
Kosten: 20 USD
Verlängerung: nacheinander jeweils um einen Monat, bis zu drei Monate
Geschäftsvisum
Kosten: 25 USD
Verlängerung: unbefristet

Ankunft, Abflug und Flughafensteuer

Ist vor dem Flug nach Kambodscha noch kein Visum vorhanden, so halte man zwei Passfotos und 25 USD bereit, denn es lässt sich auch am Flughafen erwerben. Im Flugzeug erhält man zwei Formulare, auf denen man die gewünschte Kategorie, Tourist oder Geschäftsmann, kennzeichnet. 20 USD kostet das einmonatige Touristenvisum, 25 USD das Geschäftsvisum. Der Unterschied liegt darin, dass das Arbeitsvisum erneuert werden kann, ohne das Land verlassen zu müssen. Bei längeren Aufenthalten als einem Monat entscheide man sich für ein Geschäftsvisum.

Es gibt keine Anweisung, nach dem Arbeitgeber zu fragen. Man erteile ehrlich Auskünfte über die Arbeit, passe jedoch bei der Arbeit für Menschenrechtsorganisationen oder Ähnlichem auf, denn das könnte zu Problemen führen. Ernsthaftes Interesse an diesen Auskünften besteht in der Regel allerdings nicht.

Nach der Landung gehe man zum Terminal und schließe sich der Menschenmenge an den Visa-Schaltern an. Die Angestellten fragen nach Passfotos und den im Flugzeug ausfüllten Formularen. Ist kein Foto parat, so können auch vor Ort welche gemacht werden. Anschließend empfängt man den Pass am anderen Ende des Schalters, wo auch die Gebühren zu entrichten sind.

Eine Überziehung des Visums beläuft sich pro Tag auf 3 USD. Man entrichtet die Gebühr beim Verlassen des Landes, völlig problemlos.

Flughafensteuer beim Internationalen Flughafen Pochentong:
Abflug Inland: 6 USD
Abflug international: 25 USD
Flughafensteuer beim Siem-Reap-Flughafen:
Abflug Inland: 6 USD
Abflug international: 25 USD

Geld

Die amtliche kambodschanische Währung heißt *Riel.* Es ist verhältnismäßig beständig; der gegenwärtige Wechselkurs beträgt etwa 3,950 Riel für 1 USD.

Amerikanische Dollar werden in Kambodscha problemlos angenommen, in größeren Läden und Supermärkten sogar bevorzugt. Bei kleineren Geschäften wie Obst, Gemüse und Taxi empfiehlt sich die Bezahlung in heimischer Währung.

Banken wechseln alle Hauptwährungen mittlerweile problemlos. Touristen mit Reiseschecks lösen sie am besten in Banken ein, da kleine Läden kaum Möglichkeiten dazu haben. Diejenigen mit der Gelegenheit dazu verlangen in der Regel eine hohe Gebühr.

Einige Banken gewähren mittlerweile kleine Kredite auf Kreditkarten.

Geschäftszeiten
Öffnungszeiten der Regierungsbüros:
Montag bis Samstag
7.00 Uhr oder 7.30 Uhr bis 17.30 Uhr
Mittagspause von 11.00 oder 11.30 Uhr bis 14.00 oder 14.30 Uhr.
Vermutlich beginnen einige wenige schon sehr früh, schließen dafür aber auch um 16.00 Uhr.
Öffnungszeiten der Banken:
Abhängig von den Schalterstunden. Reguläre Geschäftszeit 8.30-15.30 Uhr.
Es gibt übrigens eine große Anzahl an Feiertagen und Festen, an denen natürlich auch die Büros geschlossen haben. Näheres unter dem Menüpunkt „Feiertage".

Kleidung
In Kambodscha tragen Männer und Frauen traditionsgemäß Sarongs (hergestellt aus Baumwolle, einer Baumwolle-Synthetik Mischung oder Seide). Sie stellen die gängige Kleidung dar.
Die meisten städtischen, männlichen Khmer tragen Hosen, während die Frauen sich nach westlicher Art kleiden. Bei formellen Anlässen, wie religiösen Festivals und Familienfeiern, zieren Frauen häufig Hols, eine Art Hemd. Nachts tragen Frauen einfarbige Seidenkleider (Phamuongs) mit Randverzierungen.
Die Farben von Hochzeitskleidung richten sich nach dem Wochentag, an dem die Hochzeit stattfindet.

Küche
Die kambodschanische Küche gleicht der siamesischen, verwendet jedoch andere Gewürze. Eine kambodschanische Mahlzeit beinhaltet fast immer eine Suppe oder Samla, die gleichzeitig mit den anderen Gängen verzehrt wird.
Samla Machou Banle ist eine Fischsuppe mit saurem Aroma, so wie die sauren und heißen Suppen des benachbarten Thailands. Andere Suppen sind beispielsweise *Samla Chapek* (mit Ingwer gewürzte Schweinefleischsuppe), *Samla Machou Bangkang* (Garnelensuppe) oder *Samla Ktis* (Fischsuppe mit Kokosnuss und Ananas).
Kambodschanische „Salat"-Teller erfreuen sich ihres herrlichen Geschmacks wegen ebenfalls großer Beliebtheit, obgleich kaum mit westlichem kalten Salat vergleichbar. *Phlea Sach Ko* ist ein Rindfleisch- und Gemüsesalat, gewürzt mit Koriander, Minzeblättern und Zitronengras. Diese Kräuter entdeckt man in vielen kambodschanischen Gerichten.
Wie in allen anderen buddhistischen Ländern bevorzugen auch Kambodschaner vegetarisches Essen. Es lässt sich in einem Restaurant aufgrund der großen Vielfalt problemlos bestellen.

Klima

Die beste Zeit zu einem Besuch in Kambodscha liegt zwischen November und Februar. Vorwiegend wird der Reisekalender durch die zwei Monsune beeinträchtigt. In der Zeit zwischen November und Februar bringt der kühle und trockene Nordostmonsun kaum Regen mit sich, während der Südwestmonsun zwischen Mai und Oktober für mehr als 80 Prozent des Regens im Land verantwortlich ist.
Die *Höchsttemperaturen* liegen im Januar zwischen 25 und 30 Grad, im April bei mehr als 40 Grad. Tagestemperaturen gewöhnlich nicht unter zehn Grad.

WETTERKARTE

Monat	Phnom Penh Durchschnittl. Temperatur	Regen (mm)
JAN.	21/31	7
FEB	22/32	10
MÄRZ	23/34	40
APR	25/35	75
MAI	24/34	135
JUNI	24/33	155
JULI	24/32	175
AUG	25/33	160
SEPT.	25/31	230
OKT	23/30	260
NOV.	23/30	125
DEZ	22/30	45

Sicherheit

Das Reisen in Kambodscha ist allgemein sehr sicher. Taschendiebstahl kommt in Pnom Penh schon mal vor, anderswo im Land jedoch kaum.
Die meisten Hotels vor Ort haben ein Schließfach für Dokumente.
Man vergesse nicht, dass viele Landmienen noch nicht entschärft sind! Es ist deshalb ratsam, in abgelegenen Gegenden niemals die Wege zu verlassen und sich dort auf jeden Fall einem ortskundigen Führer anzuvertrauen.

Menschen

Kambodscha zählt rund zehn Millionen Einwohner, davon ungefähr 90–95 Prozent ethnische Khmer. Die übrigen fünf bis zehn Prozent setzen sich zusammen aus chinesischen *Khmers*, islamischen Khmers oder *Chams* und den ethnischen Bergstämmen, bekannt als Khmer Löu oder Vietnamesen.
Etwa ein Zehntel der Bevölkerung wohnt in Phnom Penh, der Hauptstadt, was

Kambodscha zu einem Land der Landarbeiter und Handwerker macht.
Die ethnischen Gruppen in Kambodscha weisen ökonomische und demographische Gemeinsamkeiten auf. Beispielsweise lebten chinesische Kaufleute in der Regel in den städtischen Zentren Zentral- und Südostkambodschas, wo sie sozusagen als Vermittler der wirtschaftlichen Kreise dienten. Dabei bewahrten sie allerdings ihre eigenen sozialen und kulturellen Eigenheiten.
Die Hauptunterschiede der Gruppen liegen vor allem in der sozialen Organisation, Sprache und Religion.
Die Mehrheit der Einwohner hat sich in relativ beständigen Dörfern nahe der Hauptgewässern in der Ebene des *Tonle Sap Basin* und des Mekongs niedergelassen.
Die Khmer Löu leben in weit zerstreuten Dörfern, die sie verlassen, wenn das umliegende bebaute Land nicht mehr bewirtschaftet werden kann. Die Dörfer dagegen, die auf Dauer von den Khmer und Chams angelegt wurden, liegen an Fluss- und Seeufern.
In Chamdörfern siedeln fast ausschließlich *Chams,* wohingegen Khmerdörfer, besonders im Zentrum und im südöstlichen Kambodscha, einen beträchtlichen Anteil chinesischer Gemeinschaften aufweisen.

Sprache

Die Mehrheit der Kambodschaner spricht *Khmer*, eine Sprache der Mon-Khmer-Gruppe. Verwandt ist diese Sprache mit der der Mon, einer birmanischen Minderheit.
Khmer hat nur entfernt etwas mit den siamesischen und einigen indonesischen Sprachen zu tun. Die Sprache setzt sich aus einigen entliehenen vietnamesischen Wörtern, ein wenig Chinesisch, Pali, Französisch und Englisch zusammen. Die mit Devanagari verwandte Schrift sieht auf den ersten Blick wie siamesische aus.
Trotz der leichten Grammatik ist Khmer eine ziemlich schwierige Sprache und für die meisten Englischsprachigen wegen ihrer Aussprache schwer zu erlernen.
Eine zunehmende Anzahl städtischer Kambodschaner spricht Englisch, besonders junge Leute, wohingegen einige (meistens ältere) Kambodschaner Französisch sprechen.

Gesetzliche Feiertage

Bei der Planung einer Reise nach Kambodscha berücksichtige man, dass Banken, Ministerien und Botschaften zu gesetzlichen Feiertagen und Festivals schließen. Davon gibt es eine ganze Menge, wie beispielsweise Weihnachten, Neujahr, der Erinnerungstag an den Sieg über das Genozid-Regime (7. Januar), chinesisches Neujahr ... Das Festival von Kambodscha findet entsprechend dem Mondkalender statt, so dass die Daten von Jahr zu Jahr schwanken.

Chaul Chnam (Mitte April)
Dreitägige Feier zum Neujahrsfest: Khmers huldigen an den Altären in den Wats, säubern ihre Häuser, tauschen Geschenke und wechseln ihre Kleidung. Eine lebhafte Zeit, in der, wie in Thailand, die Khmers ausgelassen mit Wasser und Talkumpuder um sich werfen und verwirrte Touristen im Nachhinein wie Gipsfiguren aussehen lassen. Zum Besuch der Angkor-Tempel wähle man jedoch einen anderen Zeitpunkt, da sich fast die Hälfte der Landbevölkerung dort aufhält und man keine Ruhe finden wird, um die Tempel richtig zu entdecken.

Chat Preah Nengkal (Anfang Mai)
Königliche Zeremonie, rituelles landwirtschaftliches Fest, veranstaltet von der königlichen Familie. Schauplatz: Phnom Penh, in der Nähe des königlichen Palasts.

Erster Mai
Internationaler Arbeitertag (1. Mai)

P'chum Ben (später September)
Eine Art Allerseelen, bei der die Lebenden den Toten durch Opfergaben Respekt zollen. Schauplatz: Meist am Rande des Wassers.

Geburtstag seiner Majestät (30. Oktober bis 1. November)

Bon Om Tuk (später Oktober bis früher November)
Eines der wichtigsten Feste im Khmer-Kalender und eine wundervolle Zeit zum Besuch in Phnom Penh oder Siem Reap, da Regatten auf dem Tonle-Sap-Fluss und dem Burggraben um Angkor Wat stattfinden. Gefeiert wird die Rückkehr des Flusses Tonle Sap, der sich in der trockenen Jahreszeit leert, wobei das Wasser in den Mekong fließt. Erst zur Regenperiode füllt sich der See wieder.

Unabhängigkeitstag (9. November)
Chinesisches Neues Mondjahr (später Januar bis mittlerer Februar)
Die chinesischen und vietnamesischen Einwohner feiern ihren Neujahresbeginn etwas später als Europäer; für Vietnamesen ist dies das Tet-Fest. Weil Chinesen und Vietnamesen viele Geschäfte in Phnom Penh laufen haben, ruht der Geschäftsbetrieb zu dieser Zeit.

Post und Telekommunikation
Kambodschanische Luftpost läuft inzwischen über Bangkok, was Kambodscha zu einem wesentlich zuverlässigeren Absendeort für Briefe oder Pakete macht.

Telefonverbindungen zur Außenwelt haben sich mittlerweile stark verbessert, obwohl nicht gerade billig. Die meisten Hotels in Pnom Penh berechnen nichts für örtliche Gespräche. Handynummern beginnen mit 011, 012, 015, 017 oder 018. Es existiert kein Adressverzeichnis, doch haben einige Hotels Telefonverzeichnisse für Pnom Penh.
Bei internationalen Anrufen verwende man Telefonkarten. Die Gebühren liegen in folgender Höhe: 2 USD, 5 USD, 10 USD, 20 USD, 50 USD und 100 USD. Am Wochenende betragen sie fast bis zu einem Drittel weniger.
Faxkosten liegen zwischen vier und sechs USD pro Seite. Internetzugang gibt's an allen großen Touristenplätzen (etwa zwei USD pro Stunde), obwohl die Verbindung lange nicht so schnell ist, wie vielleicht erwartet.

Hausboot in der Halong-Bucht

Informationen über Vietnam

Geschäftszeiten

Die meisten Vietnamesen sind Frühaufsteher, so dass die Geschäfte und Läden bereits in aller Herrgottsfrühe öffnen. Hier ein Überblick:
Regierungsbüros: montags bis freitags, 7.30 bis 16.30 Uhr
Geschäfte: meist montags bis samstags, 8.00 bis 17.00 Uhr
Banken: montags bis freitags, 8.00 bis 15.30 Uhr geöffnet, samstags 8.00 bis 13.00 Uhr. Mittagszeit: gewöhnlich von 11.30 bis 13.30 Uhr. Viele Geschäfte, aber auch die Regierungsbüros, sind zu dieser Zeit geschlossen. Die meisten Shops haben durchgehend von 8.00 Uhr morgens bis 21.00 Uhr abends offen.

Küche

Typisches vietnamesisches Essen besteht aus Reis oder Nudeln mit Suppe, etwas gegrillter Einlage, dazu ein Hauptgang. Vietnamesen legen Wert auf gemeinsame Mahlzeiten. Die einzelnen Speisen sind gewöhnlich nicht sehr würzig, werden aber durch Chili-, Fisch- oder Sojasauce ergänzt. Das traditionelle vietnamesische Frühstück besteht aus einer Phö: einer großen Schüssel Reisnudeln mit ein wenig geschnetzeltem Rind- oder Hähnchenfleisch, überbrüht mit würziger Gemüse- oder Fleischbrühe und garniert mit Koriander und Bohnensprossen.
Natürlich unterscheiden sich die Küchen der drei Hauptregionen Nord-, Mittel- und Südvietnams. Allgemein ist der Norden bekannt für seine Nudelsuppen mit Fleisch oder Meeresfruchteinlagen. Die Zentralregion um Hue bietet etwas feinere Speisen. Der Süden mit seiner etwas größeren Auswahl an Gewürzen kocht entsprechend deftiger schärfer. Bei einer Küstenlänge von mehr als 3000 Kilometern sind die Meeresfrüchte natürlich entsprechend frisch und abwechslungsreich. Krabben, Garnelen, Flusskrebse und Tintenfische kommen reichlich vor, gar nicht zu sprechen von den Hunderten von Meeresfischarten.

Menschen, Sicherheit

Die Mehrheit der Landesbevölkerung besteht aus den Viet oder Kinh (85%), welche die Lautsprache Vietnamesisch sprechen. Die Minderheit in der Bevölkerung setzt sich aus etwa fünfzig Bergvölkern zusammen, hauptsächlich in den Zentralbergen der Mitte des Landes oder im bergigen Norden sesshaft. Die bekanntesten Bergstämme: Tay, Hmong, Zao, weiße und schwarze Thai (beide hauptsächlich aus dem Norden), Hoa. Jeder Bergstamm hat eigene Bräuche und Dialekte; einige sprechen auch Vietnamesisch.
Vietnam wurde kürzlich zu einem der sichersten Reiseziele der Welt gewählt. Frauen und Alleinreisende kamen mühelos und leicht durch das ganze Land. Ver-

einzelte Fälle von Diebstahl und Handtaschenraub kommen in Hanoi weitaus weniger vor als in Ho Chi Minh Stadt.

Sprache

Das offizielle Vietnamesisch ist eine tonale Sprache, vergleichbar mit Kambodschas offizieller Sprache, dem Khmer. Jede Silbe läßt sich mit sechs verschiedenen Tonlagen kombinieren, wobei sich die Bedeutung ändert. Ausländern fällt es dadurch natürlich schwer, sich auf die Sprache einzulassen.
Zu den anderen Sprachen in Vietnam zählen u.a. Chinesisch, Khmer, Cham und andere Bergvölkersprachen. Trotz einiger Ähnlichkeiten mit anderen südostasiatischen Sprachen (z.B. Chinesisch) wird Vietnamesisch als eigenständige Sprachgruppe begriffen. Dennoch gehört sie mit zur austro-asiatischen Sprachfamilie.
In der Schriftsprache benutzen die Vietnamesen das römische Alphabet, dessen Buchstaben sie mit Lautzeichen versehen. Dieses Schreibsystem (Quoc Ngu) entwickelte ein katholischer Priester im 17. Jahrhundert, damit man seine Schriften lesen konnte. Wahrscheinlich ersetzte dieses System, vermutlich teilweise nach dem Ersten Weltkrieg, die chinesischen Chu Nom-Zeichen (bis dahin jahrhundertelang inoffizielle Schriftform).

Kleidung, Klima

Leichte, bequeme, bügelfreie Kleidung ist zu empfehlen. Bei den sehr kühlen Wintertemperaturen in Hanoi und der Regensaison in der Landesmitte helfen ein Sweater oder eine leichte Jacke. Weiterhin nützlich sind gute Wanderschuhe und leicht zu verstauende Sandalen, vor allem beim Betreten einer Pagode oder Einladungen.
Vietnams langgezogene Form beschert sowohl tropisches als auch subtropisches Klima. Grundsätzlich gelten die Monate als beste Reisezeit, in denen geringere Regenaussichten bestehen: April, Mai, Oktober, November. Hier ein kleiner Überblick der Klimaverhältnisse:

Süden (von Ho Chi Minh City nach Phan Thiet): Im Süden herrscht das ganze Jahr Hitze. Es gibt zwei Jahreszeiten, die eine nass, die andere trocken. Die nasse von Mai bis Oktober beschert täglich Regengüsse, für gewöhnlich kurz und leicht vorauszusagen. Die trockene Jahreszeit von November bis April hingegen ist allgemein sonnig, aber immer noch mit hoher Luftfeuchtigkeit.

Landesmitte (von Nha Trang bis Hue): Sonnenschein verwöhnt Nha Trang die meiste Zeit des Jahres, aber zwischen November und Dezember fällt auch schon mal heftiger Regen. In Dalat, auf einer Höhe von etwa 1500 Metern gelegen, herrschen kühlere Temperaturen als in der Küstenregion (teilweise durchgehend von

November bis März). Danang und Hue bekommen durchaus mal einen Taifun zu spüren, insbesondere bei Temperaturabfall. Dort ist es dann bedeckter und feuchter.

Norden (von Hanoi nach Sapa): Der Sommer im Norden dauert von Mai bis Oktober, mit Temperaturen zwischen 30 und 35 Grad mit gelegentlichen schweren Regenfällen. Im Winter, von Dezember bis März, liegen die Temperaturen schon mal zwischen 10 und 15 Grad, der Himmel ist bedeckt und die Luft diesig.

WETTERKARTE

Monat	Hanoi		Danang		Ho Chi Minh Stadt	
	*d. Temp.	Regen (mm)	d. Temp.	Regen (mm)	d. Temp.	Regen (mm)
JAN	12/30	26	17/25	21	21/32	26
FEB	13/21	26	18/26	22	22/32	10
MAR	16/23	60	20/28	23	23/33	15
APR	20/28	110	23/30	75	25/35	50
MAI	25/32	220	25/35	200	25/35	200
JUNI	28/33	280	29/36	280	24/33	325
JULI	28/33	350	29/36	300	24/33	300
AUG	28/33	340	25/34	280	24/33	275
SEPT	28/33	280	23/30	260	24/33	325
OKT	23/28	160	23/28	260	23/32	225
NOV	18/27	80	21/28	80	23/32	100
DEZ	15/21	10	20/27	40	22/32	50

(* durchschnittliche Temperatur)

Visum, Ankunft in Vietnam

Besucher haben sich vor der Einreise ein offizielles, gültiges Visum zu verschaffen. Zwar erhält man neuerdings auch ein Visum bei der Ankunft in Vietnam, doch diese Methode ist aufgrund deutlich höherer Kosten nur im Notfall zu empfehlen.

Alle Besucher müssen ihr Ankunftsformular vollständig ausfüllen, das zusammen mit den Reisepassdaten und dem Visum an Einreisebehörde und Zoll weitergeleitet wird. Den Durchschlag hebe man sorgfältig auf, um ihn bei der Ausreise wieder vorlegen zu können.

Ankunft in Saigon: Vom Flughafen „Tan Son Nhat“, etwa sieben Kilometer nordwestlich der Stadtmitte, nehme man am besten außerhalb des Flughafengeländes ein Taxi (mit funktionierendem Taxameter) und lasse sich für sieben bis zehn USD in die Stadt bringen.

500.000 Dong Geldschein mit Konterfei Ho Chi Minhs

Ankunft in Hanoi: Hanois Noi-Bai-Flughafen befindet sich etwa 35 Kilometer nördlich des Stadtzentrums. Bei Abfahrt gleich vor dem Flughafengebäude kostet das Taxi ungefähr zehn US-Dollar. Vor Einstieg sollte man diesen Preis fest vereinbaren, was das Taxameter überflüssig macht.

Internationale Abfluggebühr: Noi Bai, Internationaler Flughafen in Hanoi: US$14; Tan Son Nhat, Internationaler Flughafen in Ho Chi Minh Stadt: US$12

Geld

Die offizielle Währung heißt *Dong,* der sich außerhalb des Landes nicht umtauschbar ist.

Man achte darauf, die vietnamesischen Banknoten nicht zu verknittern oder einzureißen, da viele Läden und Restaurants sie dann nicht akzeptieren. Man wechsle ferner auch nicht zuviel Bargeld auf einmal, denn die Notenbündel werden recht dick und unhandlich.

Der höchste Wert einer vietnamesischen Banknote beträgt gegenwärtig 500.000 Dong, also etwa 31 USD. Die Regierung hat mittlerweile 50.000er und 500.000er Banknoten aus Plastik herausgegeben, entsprechend etwa dem australischen

Dollar. Für kleinere Geschäfte gibt es Münzgeld mit den Werten 200, 1000 und 5000 Dong. In Form von Papiergeld erhält man 2000-, 5000-, 10.000- und 20.000-Dong-Noten, leicht an ihrer unterschiedlichen Farbe auseinanderzuhalten.
Große Läden und Restaurants akzeptieren im Allgemeinen den Dollar, vorzugsweise in kleinen (1$), sauberen Scheinen. Reiseschecks lassen sich gegen Vorlage des Reisepasses an den „Foreign Exchange"-Schaltern und in Banken einlösen, wobei Umtauschgebühren von etwa zwei bis fünf Prozent anfallen. Kreditkarten wie Visa und Mastercard sind vor allem in den größeren Städten in Restaurants und Hotels gängig.
Hanoi und Ho Chi Minh City weisen Niederlassungen zahlreicher internationaler Banken auf (ANZ Bank in Hanoi, HSBC in Ho Chi Minh City ...), wie auch einen 24-stündigen Geldautomatenservice. Problemlos ist hier die Versorgung mit Bargeld aus dem Automaten mittels Eurocheckkarte. Bei einer Gebühr von etwa zwei bis vier Euro pro Abhebung ist der Höchstbetrag von 2.000.000 Dong (etwa 126 $ bzw. 108 €) dagegen sehr gering. Aber auch hier bestehen bei einigen Banken Ausnahmen. Bei den großen Banken (ANZ bzw. HSBC) lässt sich Bargeld auch mit Visa, Cirrus, Mastercard oder anderen Karten abheben.

Gesetzliche Feiertage

Die wichtigsten und auch am stärksten begangenen Feiertage des Jahres sind die Feierlichkeiten zu Tet, dem Neujahr, das mit dem Mondzyklus zusammenfällt. Es fällt für gewöhnlich in den späten Januar oder frühen Februar. Offizielle Dauer: drei Tage, doch haben viele Geschäfte die ganze Woche über geschlossen.
Andere wichtige Feiertage: die Befreiung Saigons (30. April), Tag der Arbeit (1. Mai), Ho Chi Minhs Geburtstag (19. Mai), Vietnamesischer Nationalfeiertag (2. September).
Es gibt keine farbenfrohere Zeit als die Hauptfeiertage zu Tet Nguyen Dan, den wichtigsten Feierlichkeiten für die Kinh, den ethnischen Mehrheiten des Landes. Bereits am ersten Tag des Mondjahres beschäftigen sie sich gedanklich damit, das nächste Tet-Fest noch perfekter zu planen.
In den engen Straßen der Altstadt von Hanoi summt es geradezu vor Quirligkeit. Jeder ist in Eile, sich noch fix einen neuen Haarschnitt verpassen zu lassen, einen neuen Anzug zu kaufen, einen „Frühjahrsputz" zu veranstalten, Freunde zu besuchen, Behinderten zu helfen oder sich den traditionellen Tet-Delikatessen hinzugeben. Geschäftsleute hängen rote Flaggen mit dem Spruch „Chuc mung nam moi" (gutes neues Jahr) an ihren Läden auf, und die Hauptverkehrsstraßen sind mit unzähligen farbigen Lichtern geschmückt. Überall sind kleine Verkaufstände mit ausschließlich kegelförmigen Kumquatbüsche zu entdecken, während andere blühende Pfirsichbäume feilbieten, Symbol für Leben und Glück, die Menschen anläßlich der Feiern zum Vorfrühling in ihr Zuhause bringen.

Wenn die Straßenhändler mit ihren am Fahrrad befestigten Mandarinenbäumchen in die Stadt strömen, gleichen die Straßen orangefarbenen Wäldern.
Im Süden bringen die Einwohner gelbe Aprikosenzweige mit nach Hause und legen eine Kokosnuss, eine Papaya, eine Mango und einen Zimtapfel auf den Hausaltar. Verbunden mit dem südlichen Dialekt klingen die Namen dieser Früchte wie eine Predigt für Erfolg und Erfüllung.
Drei entscheidende Treffen, so sagt man, finden beim Tet-Festival statt. Das erste Treffen ist das dreier Familiengötter: Tien su, die Gottheit, die der Familie ihre Lebensgeschichte vor Augen führt, Tho Cong, die sich um das Land kümmert, auf dem die Familie lebt, und Tao Quan, der Küchengott, der sich um die Nahrungsmittel der Familie sorgt.
Das zweite Treffen findet zwischen Toten und Lebenden statt. Die Menschen legen ihre Geschenke, wie Lebensmittel und Getränke, vor den Ahnenaltar, verbreiten Weihrauchduft und laden ihre Ahnen dazu ein, sich den Tet-Feierlichkeiten anzuschließen.
Das dritte Treffen betrifft die unmittelbare Familie. Am Neujahrsabend versammeln sich die Familienmitglieder zu einem Abendessen mit traditionellem Essen, wie Banh Chung, einem eckigen Keks aus Klebreis, mit Bohnen und Schweinefleisch), Mang (Suppe aus gekochten Bambussprossen und gebratenem Schweinefleisch) und Xoi Gac (orangefarbener Klebreis). Anschließend geht man zur örtlichen Pagode und schaut sich dann vielleicht noch das Feuerwerk in der Stadt an.

Seerosen am Truc Bac See in Hanoi

Einsäulenpagode in Hanoi

Strohmasken in einem Shop in Hanoi

Keramik im Dorf Bat Trang, einem der Handwerksdörfer, bei Hanoi

Typischer Shirtshop wie überall in Saigon und Hanoi anzutreffen

Vietnamesische Antiquitäten

Straßenrestaurant mit den dazugehörigen kleinen Sitzen

Tiefgebratene Garnelen. Die vietnamesische Küche ist sehr vielseitig

Nützliche Adressen Vietnam

Konsulate, Botschaften, Visum, Hilfe
– Deutschland: www.auswaertiges-amt.de
– Schweiz: www.eda.admin.ch/eda/de/home/reps.html
– Österreich: www.bmeia.gv.at/aussenministerium/buergerservice

Vertretungen Vietnams
– Botschaft der SR Vietnam, Elsenstr. 3, 12435 Berlin, Tel.: 030 53630108, Fax.: 030 53630200, sqvnberlin@t-online.de, Konsularabteilung: Mo., Mi. u. Fr. 09–12.30 und 13.30–17 Uhr, Handelsabteilung Rosa-Luxemburg-Straße 7, 10178 Berlin, Tel.: 030 – 2298198 Fax.: 030 – 2291812 oder 2374
– Generalkonsulat, Leiter: Herr Huu Trang Nguyen, Siesmayerstr. 10, 60323 Frankfurt am Main, Tel.: 069-79533650, Fax.: 069-795336511, tlsqvietnam_frankfurt@mofa.gov.vn
Mo.-Fr. 08.30–12.30 h und 13.30–17.30 Uhr, Konsularangelegenheiten: Mo., Mi. und Fr. 09–12 h und 14–17 h
– Botschaft der SR Vietnam, Chancellerie, Schlösslistr. 26, 3008 Bern, Tel.: +41-31/388 78 78, Fax.: +41-31/388 78 79, vietsuisse@bluewin.ch, www.vietnam-embassy.ch
– Konsulat: Consulat de la République Socialiste du Vietnam, Chemin des Corbillettes 30, 1218 Le Grand-Saconnex, Tel.: +41-22/798 24 85, Fax.: +41-22/798
– Botschaft der SR Vietnam in Österreich (kein Link), Felix-Mottl-Straße 20, A-1190 Wien, Tel.: 01/36 80 75 60, Fax.: 01/36 80 75 4

Reiseveranstalter
– Vietnam Tours, Weißdornweg 16, 53177 Bonn, Tel.: (0228) – 70 78 474 oder 475, Fax (0228) – 555 46 26, info@vietnam-tours.de, www.vietnam-tours.de
– Buffalo Tours, 94 Ma May Street, Hoan Kiem District, Hanoi, Tel.: +84-4-828 0702, Fax.: +84-4-826 9370, info@buffalotours.com, www.buffalotours.com
– Exotissimo, 26 Tran Nhat Duat Street, Hoan Kiem District, Hanoi, Tel.: +84-4-828 2150, Fax.: +84-4-828 2146, infohanoi@exotissimo.com, www.exotissimo.com
– Hanoi Kultour, 56-68 Nguye Thai Hoc, Ba Dinh District, Hanoi, Tel.: +84-4- 217 1177. Fax.: +84-4- 734 4807, info@hanoikultour.com, www.hanoikultour.com

Sonstiges
– Vietnam-freunde.net, Umfangreiche deutsche Website mit Forum zu Vietnam
– Vietnam-buch.de, Buchshop von Heiko Mrozik mit vielen Büchern vietnamesischer Autoren
– Deutscher Entwicklungsdienst, www.vietnam.ded.de

Wichtige Adressen in Hanoi

Notrufnummern

- Feuerwehr, Tel.: 114
- Krankenwagen, Tel.: 115 oder über French Hospital oder SOS International Clinic
- Krankenhäuser und Ärzte
- Hanoi Family Practice, Van Phuc Building A1 Room 109 – 112, VAN PHUC Diplomatic Compound, Kim Ma, Tel.: 843 04 48/9 (Praxis), 090-40 1919 (Mobil / Emergency number), Fax.: 846 1750
- Zahnarzt: Dr. Michel Mitre (c/o Hanoi Family Practice), Tel.: 823 0281, 846 28 64, 090-344 61 26, Fax.: 823 02 81
- SOS International Clinic (auch für Evakuierungen), 31 Hai Ba Trung Straße, Tel.: 934 06 66, 934 05 55 (Emergency number), Fax.: 934 0556
- French Hospital, 1, Phuong Mai Straße, Tel.: 574 0740, Fax.: 576 44 43

Amtsbezirk Ho Chi Minh City

- Family Medical Practice Hcmc, Diamond Plaza, 34 Le Duan Street, District 1, HCMC, Tel.: 08-8227848, hcmc@vietnammedialpractice.com
- Family Medical Practice Danang, 50-52 Nguyen Van Linh Street, Nam Duong Ward, Hai Chau District, Danang, 0511-582 699/700, danang@vietnammedicalpractice.com

Ausländerpolizei

(Ein- u. Ausreiseamt der Stadt Hanoi):
89 Tran Hung Dao Straße, Telefon.: 822 0579

Banken

ANZ-Bank, 14 Le Thai To-Straße 198, Telefon: 825 81 90, Fax.: 825 81 88/ 9
Vietcom-Bank: 198 Tran Quang Khai Straße, Telefon: 826 80 45, 934 31 37, www.Vietcombank.com.vn

Goethe-Institut Hanoi: 56–58 Nguyen Thai Hoc, Telefon: 734 22 51/ 52/ 53, Fax 734 22 54, goethe@fpt.vn oder info@hanoi.goethe.org , www.goethe.de/hanoi

Fluggesellschaften

Air France, 1 Ba Trieu Straße, Telefon: 825 3484, 824 7066
Cathay Pacific, 49 Hai Ba Trung Straße, Hanoi Towers, Telefon: 826 7298/9, Fax.: 826 77 09
Singapur Airlines, Hotel Metropole, 17 Ngo Quyen Straße, Telefon: 826 8888

Thai Airways, 44 B Ly Thuong Kiet Straße, Telefon: 826 7921/2, Fax 826 73 94
Vietnam Airlines, 1 Quang Trung Straße, Telefon: 8320320, 934 9660

Notfälle
Feuerwehr, Tel.: 114
Krankenwagen, Tel.: 115 oder über French Hospital oder SOS International Clinic
Krankenhäuser und Ärzte
Hanoi Family Practice:
Van Phuc Building A1 Room 109–112, VAN PHUC Diplomatic Compound, Kim Ma, Telefon: 843 04 48/9 (Praxis), 090-40 1919 (Handy/Notfall Nummer), Fax.: 846 1750
Zahnarzt: Dr. Michel Mitre (c/o Hanoi Family Practice), Telefon: 823 0281, 846 28 64, 090-344 61 26, Fax.: 823 02 81

SOS International Clinic (auch für Evakuierungen), 31 Hai Ba Trung Straße, Telefon: 934 06 66, 934 05 55 (Emergency number), Fax.: 934 0556, www.sosinternational.com

French Hospital, 1, Phuong Mai Straße, Telefon: 574 0740, Fax.: 576 44 43

Konsulate
Botschaft der Bundesrepublik Deutschland, 29 Tran Phu, Hanoi
Tel.: +84-845 3836, Fax.: +84-845 3838
Öffnungszeiten Mo.–Fr. 8.30 bis 11.30 h
Kontaktformular auf Website, www.hanoi.diplo.de

Schweizer Botschaft Hanoi, Hanoi Central Office Building, 15th Floor, 44B Ly Thuong Kiet Street, Hanoi
Tel.: +84-4-9346589, Fax.: +84-4-9346717
han.vertretung@eda.admin.ch, www.eda.admin.ch/hanoi

Österreichische Botschaft Hanoi, c/o "Prime Center",53 Quang Trung Street, 8. Stock, Hai Ba Trung District, Hanoi
Tel.: +84-4 943 3050, Fax.: +84-4 943 3055
hanoi-ob@bmeia.gv.at, www.bmeia.gv.at/index.php?id=68359&L=0
Konsularische Öffnungszeit: Mo.–Fr. 10–12 h

Wichtige Adressen in Ho Chi Minh Stadt (Saigon)
Deutsches Generalkonsulat Ho-Chi-Minh-Stadt
126 Nguyen Dinh Chieu – D 3, Ho Chi Minh Stadt

Telefon: 08–829 19 67, Fax.: 08–823 19 19
gk-hochiminh@hcm.fpt.vn, www.hanoi.diplo.de

Generalkonsulat der Schweiz in Ho Chi Minh City, The Nam An Building, (Ground Floor),124 Dien Bien Phu Street, Dakao Ward, District 1
Ho Chi Minh City
Telefon: 08–820 54 02, Fax.: 08–820 48 56
wafler@hcm.vnn.vn

Goethe-Institut Saigon, 335/4 Dien Bien Phu, Phuong 4, Quan 3, Saigon, Telefon: 832 67 16, Fax 832 67 65, info@saigon.goethe.org, www.goethe.de/hanoi

Ärztliche Versorgung in Ho Chi Minh Stadt

- Family Practice Ho Chi Minh City:
  Diamond Plaza, 34 Le Duan Street, District 1, HCMC, Tel.: 08–8227848
  hcmc@vietnammedialpractice.com
- SOS International, auch zur Zahnbehandung (für Ambulanzdienste und Notfälle, auch Organisation von Rettungsflügen), 65 Nguyen Du,
  Tel.: 829 8424, Fax.: 829 8551, www.sosinternational.com
- Gia Dinh Clinic, 1 No Trang Long, Binh Thanh-District, Ho Chi Minh City,
  Tel.: 8030678, Fax.: 8030677
- Columbia Saigon, 8 Alexandre de Rhodes, District 1,
  Tel.: 8238455. Fax.: 8238454

Vertrauensrechtanwälte (deutschsprachig)

- Herr Bui Quang Nghiem, Nghiem & Associates, Attorneys at Law,
  8 Ky Khoi Nghia, Q.1
  Tel.: 8212351, Fax.: 8213370, Handy: 0903839869, vp.luatsu@hcm.vnn.vn
- Herr Nguyen Quoc Hung, M.jur., AL – International, 8 Le Duan,
  Ho-Chi-Minh-Stadt, Q.1, Tel.: 824 64 61, Fax.: 824 63 63,
  Handy: 090 394 69 63,
  nqh-lawyer@hcm.vnn.vn, nqh@gmx.net

Fluglinien (Auswahl)

- Lufthansa, Bitexco Building, 19–25 Nguyen Hue St,
  Tel.: 8298 529, Fax.: 8298 537,
- Air France, 130 Dong Khoi St.,
  Tel.: 8290 981, Fax.: 8220 537
- Singapore Airlines, Saigon Tower Building, Suite 101, 29 Le Duan St.,
  Tel.: 8231588, Fax.: 8231554

– Thai Airways, 65 Nguyen Du St., Tel.: 8223365, Fax.: 8223465
– Vietnam Airlines, 116 Nguyen Hue St, Tel.: 8320 320, Fax.: 8230 273

Banken
– Deutsche Bank, Saigon-Center, 14. Stock, Le Loi, District 1, Tel.: (0084–8) 822 27 47, 822 29 75, Fax.: (0084–8) 822 27 60
– Vietcombank, 29 Chuong Duong, District 1, Tel.: (0084–8) 829 72 45, Fax.: (0084–8) 829 72 28
– ANZ Bank, 11 Me Linh, District 1, Tel.: (0084–8) 829 93 19, 829 6607, Fax.: (0084–8) 829 93 16
– HSBC, The Metropolitan, 235 Dong Khoi St., District 1, Tel.: (0084–8) 829 2288, Fax.: (0084–8) 823 0530

Telefonauskunft
Inland: 116
Ausland: 110

Sonstiges
– Amt für Auswärtige Angelegenheiten (AfAA), 6 Thai Van Lung / Alexandre de Rhodes, Q. 1
Zentralvermittlung (08:00–11:30, 13:00–16:30, montags–freitags): Tel.8224224–Ext. 169, oder 165
– Bereitschaftsdienst (24-Stunden) : Tel.: 8223055 (meist nur vietnamesisch)
– Ein- und Ausreiseamt, 254 Nguyen Trai, Q. 5, Tel.: 8330365
– Justizamt, 143 Pasteur, Q. 3, Tel.: 8297052/ 8294455
– Staatliches Notariat, 92 Nguyen Du, Q. 1, Ho-Chi-Minh-Stadt

Post und Telekommunikation
Das vietnamesische Postsystem bietet die meisten verfügbaren Telekommunikatiossysteme. Zu finden sind beispielsweise folgende Spezialdienste: EMS (Express Mail Service), DHL Worldwide Express, UPS, Freight Forwarders.
Email & Internet: E-mail- und Internetservice sind in den meisten Hotels und in vietnamesischen Postämtern mittlerweile überall verfügbar. Die gleichen Dienste gibt es auch in Internetcafés (95% nutzen ADSL), überall in den Straßen der großen Städte zu finden. Normalerweise berechnet die Post für den Internet-Service 3000 bis 6000 VND pro Stunde (etwa 0,19 bis 0,38 USD), in den Hotels oft etwas mehr.

Telefonzelle & Telefonkarte: Die Telefonzelle ist eine einfache Möglichkeit, um nach Hause zu telefonieren. Die Zellen finden sich in Postämtern oder auf der

Straße in den Großstädten. Telefonkarten sind erhältlich bei GPO, in kleinen Läden, Restaurants oder Buchläden. Das billigste ist mittlerweile aber das Internet-Telefon, das viele Internetcafés bereits anbieten.

Internationale Gespräche: Die Kosten für direktgewählte Rufnummern ins Ausland sind nach wie vor sehr hoch. Wählen Sie jedoch die 171 oder die 178 als Vorwahl, so halbieren sich die Gesprächkosten mit den Familienangehörigen (die Minute kostet etwa 0,60 USD).

So wählt man: 171 (or 178) + 00 + Landesvorwahl + Stadtvorwahl + Nummer

Beachten Sie aber bitte, dass dieser Service in Hotels ein wenig höher sein kann.

Handy: In Vietnam. GMS (Global Mobilephone System) wird gegenwärtig von drei Hauptanbietern betrieben: VINAPHONE, MOBIFONE und Viettel. Ihr Handy könnte hier durch den Roamingservice genutzt werden. Diese Anbieter bieten für Ihr Handy aber auch VINA und MOBI Pre-Paid-SIM-Karten an. Sie können aber auch ein Handy im Hotel oder in einem der vielen kleinen Telefon-Service-Läden kaufen.

Zeit: Vietnam liegt in der gleichen Zeitzone wie Thailand, das heißt, sieben Stunden vor GMT/UTC. Durch die Nähe zum Äquator gibt es in Vietnam keine Sommerzeit.

Danksagung

Ich möchte mich bei Heiko Mrozik von „Vietnam Freunde" (www.vietnam-freunde.net) und „Vietnam Buch" (www.vietnam-buch.de) bedanken, sowie bei Daniel Hildebrand (www.spirit-of-asia.net) für die tolle Unterstützung.
Ebenfalls ein großes Dankeschön an Clarissa vom Verlag interconnections für die Textkorrektur meines Buches.

Besonders möchte ich mich bei Nguyen Son für alles bedanken, dem auch dieses Buch über Vietnam gewidmet ist. Vielen Dank, Son, ich hoffe wir sehen uns bald mal wieder.

Hanois Stadtmitte mit unzähligen Restaurants

Blick auf Hanoi und den Truc Bac See (im Vordergrund)

Boote auf einem Fluß im Norden Vietnams

Sonnenuntergang über dem Westsee in Hanoi

Typische Kopfbedeckung von Frauen auf dem Lande

Fischerboot in der Halong Bucht

Gebäude am Rande der Parfümpagode